HAIDERS SCHATTEN

MIX
Papier aus verantwor-
tungsvollen Quellen
FSC® C012536

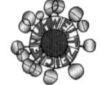

Gedruckt nach der Richtlinie des
Österreichischen Umweltzeichens
„Druckerzeugnisse",
Druckerei Theiss GmbH, Nr. 869

Dieses Buch schildert wahre Begebenheiten.
Namen handelnder Personen wurden zum Schutz
ihrer Privatsphäre teilweise geändert.

Stefan Petzner: Haiders Schatten

Coverfoto: Astrid Obert
Cover: JaeHee Lee
Gestaltung: Hidsch

Gesetzt in der *Premiera*
Gedruckt in Europa

1 2 3 4 5 — 18 17 16 15

ISBN 978-3-99001-144-7

Stefan Petzner

HAIDERS SCHATTEN

An der Seite von Europas
erfolgreichstem Rechtspopulisten

edition a

INHALT

Darum

Während ich an diesem Buch arbeite, jährt sich Jörg Haiders Tod bald zum siebten Mal. Haider, der erfolgreichste Rechtspopulist Europas, gleichermaßen bewundert und verehrt wie gefürchtet und angefeindet, starb in der Nacht vom 10. zum 11. Oktober 2008 bei einem Autounfall in Lambichl, südwestlich der Kärntner Landeshauptstadt Klagenfurt, als er gerade auf dem Weg zu seiner Familie war. Er hat in dieser Nacht von der Welt abgelassen, diese Welt aber bis heute nicht von ihm. Dieses Buch soll uns dabei helfen, es doch zu tun. Auch mir.

Es ist aber kein Buch über den Mythos Haider. Es ist vielmehr ein persönliches Buch über einen Politiker, der mein Leben geprägt hat und vielleicht heute sogar mehr denn je prägt, gerade weil er nicht mehr da ist. Seit seinem Tod wusste ich, dass ich dieses Buch eines Tages schreiben würde. Denn es gibt Geschichten im Leben, die erzählt werden müssen. Die Geschichte, wie ich als Publizistik-Student Haider kennenlernte und sein engster Vertrauter, Pressesprecher, Spin-Doktor und Generalsekretär wurde, ist eine davon.

Trotzdem habe ich fast sieben Jahre gewartet. Zum einen, weil in der Zeit nach Haiders Tod die Stimmung in Österreich zu aufgeheizt und emotionsgeladen war. Die Diskussionen über ihn verliefen hitzig bis hysterisch und Spekulationen, Gerüchte und Verschwörungstheorien mischten sich mit zumeist stümperhaften Erklärungsversuchen des Phänomens Jörg Haider und ersten halbherzigen Anläufen der historischen Einordnung seines politischen Wirkens und dessen Folgen. Die einen sprachen ihn heilig, die anderen verdammten ihn, dazwischen gab es nichts.

Ich wollte dieses Buch erst schreiben, wenn eine nüchterne und sachliche Auseinandersetzung mit Haider und dem Rechtspopulismus, den er in Europa mit erfunden hat, tatsächlich möglich geworden wäre. Wie tickte Haider wirklich? Wie lebte und wie starb er? Was war damals wirklich? Und wie funktionierte seine Politik? Erst wenn sich diese Fragen stellen lassen würden, ohne dass jede Antwort in den Reflexen zorniger Kritiker oder beleidigter Anhänger untergehen würden, wollte ich damit beginnen.

Außerdem musste ich selbst erst die dafür nötige Distanz gewinnen und meine Position im Leben neu bestimmen. Denn genau wie meine Begegnung mit Haider mein Leben verändert hat, hat es auch sein Tod getan. In den Jahren an seiner Seite war ich im Dauerbetrieb, und das stets am Belastungslimit, in den sieben Jahren nach seinem Tod war ich mit den Aufräumarbeiten in mir und um mich beschäftigt.

In allen meinen Haider-Jahren war ich ohne einen einzigen Tag Urlaub praktisch rund um die Uhr mit ihm in Kontakt oder zumindest für ihn erreichbar. Mein Handy war kein einziges Mal ausgeschaltet, seit ich von der Idylle eines steirischen Bauernhofes in einen Brennpunkt der europäischen Politik geriet, wo sich alle meine Kindheitsträume erfüllten, um gleich darauf in einer einzigen Nacht wieder zu platzen. Meine Neupositionierung im Leben war dementsprechend schwer.

Ich habe mich nie von meiner politischen Vergangenheit distanziert und werde es auch weiterhin nicht tun. Denn populistische Parteien können natürliche Bestandteile eines gesunden politischen Biotops sein. Sie sind nicht nur ungefährlich, sie sind sogar ein Gewinn für die Demokratie, wenn, ja wenn die anderen Parteien nur richtig mit ihnen umzugehen wüssten.

Das ist ein zweiter Grund, warum ich dieses Buch geschrieben habe: Mein steigendes Unbehagen über das massive Unvermögen genau dazu und über den falschen Umgang der europäischen Eliten mit den derzeit in Europa aktuellen populistischen Strömungen auf beiden Seiten des politischen Spektrums, rechts und links.

Die europäischen Eliten haben den rechten wie linken Populismus durch ihre strategischen Fehler, ihr beharrliches Wiederholen falscher Gegenrezepte, ihre taktische Ungeschicklichkeit und ihr handwerkliches Versagen zu einem hypertrophen Symptom ihrer eigenen politischen Unkultur gemacht. Wenn sie nicht endlich kapieren, was da läuft und was sie dagegen tun müssen, werden die dermaßen künstlich aufgeblähten Populisten tatsächlich flächendeckend die Macht an sich reißen. Dann geht es irgendwann um die europäische Aufbauarbeit seit 1945 und die dabei mühsam erarbeitete friedliche Demokratie in einem freien, vereinten Europa.

Haider und ich haben immer herzlich gelacht, wenn die Politologen, Soziologen und Meinungsforscher angetreten sind, um unseren Erfolg zu erklären und die Frage zu beantworten, wie wir denn zu stoppen und zu verhindern wären. Sie waren ahnungslos und hilflos. Ihre Erklärungsversuche reichten niemals an unsere tatsächliche politische Denkart und Konzeption heran und erschienen uns immer kläglich. Trotz der Schwächen, die auch wir hatten, trotz all der Angriffsstellen, die wir zu Genüge boten, und die uns selbst sehr wohl bewusst waren, konnten wir uns dennoch stets sicher fühlen. Wir hatten nicht nur keine Gegner, unsere vermeintlichen Gegner spielten uns auch noch ständig in die Hände. Wir wussten immer, dass die Einzigen, die uns wirklich schaden konnten, wir selbst waren. Niemand sonst.

9

Doch mit dem unmäßig erstarkenden Populismus in ganz Europa ist die Lage tatsächlich ernst geworden. In Österreich ist Heinz-Christian Strache, den viele als neuen Haider sehen, drauf und dran, Haiders bestes bundesweites Wahlergebnis aller Zeiten, 27 Prozent der Stimmen, wieder zu erreichen, und das ohne bemerkenswertes politisches Talent, sondern vor allem durch konsequentes Kopieren von Haiders bewährten politischen Verfahren. In den Niederlanden macht Geert Wilders von der »Partei für die Freiheit« Schlagzeilen, in Schweden Jimmie Åkesson von den »Schwedemdemokraten« und in Frankreich Marine Le Pen vom »*Front National*«, die sogar Anlauf nimmt, 2017 französische Präsidentin zu werden. In Finnland entstanden die »Wahren Finnen« und sitzen heute in der Regierung, in Belgien der »*Vlaams Belang*« und auch in England, wo Rechtspopulismus bis vor kurzem nicht wahrnehmbar war, brachte es die rechtspopulistische »*UK Independence Party*« bei der jüngsten Europawahl zur stimmenstärksten Partei. In der Schweiz reüssiert seit Jahren die rechtspopulistische »Schweizer Volkspartei«. Auf der anderen Spielfeldseite des Populismus bringt der griechische Volksverführer Alexis Tsipras (*Syriza*) sein eigenes Land und mit ihm gleich ganz Europa ganz nahe an den politischen und finanziellen Abgrund, während »*Podemos*« drauf und dran ist, es ihm in Spanien gleich zu tun.

Sogar in Deutschland, das vor allem rechte und nationalistische Strömungen schon dank der guten Aufarbeitung seiner Geschichte bisher immer einigermaßen im Griff hatte, gingen Menschen zu Tausenden für eine rechte Bewegung, die Pegida, auf die Straße. Ganz Deutschland war schockiert, niemand verstand es und keiner hätte es für möglich gehalten. Doch Deutschland dürfte bald noch viel intensivere Bekanntschaft mit dem

Rechtspopulismus machen. Denn während ich das schreibe, richtet sich gerade die »Alternative für Deutschland«, die anfangs eher ungeschickt agierte, an den erfolgreichen rechtspopulistischen Arbeitsmodellen aus. Dies mit ihrer neuen Chefin Frauke Petry, die politische Erfahrung mitbringt, intelligent und ungleich charismatischer ist sowie mit ihrem Hang zur Provokation eine deutsche Marine Le Pen werden kann. Wenn Petry alles halbwegs richtig macht, ist die »AfD« klar auf dem Weg zur Zehn-Prozent-Partei, und ich wage zu prophezeien, dass die deutschen Eliten in ihren Reaktionsmustern genau die gleichen Fehler und Trugschlüsse eingewebt haben werden wie alle anderen.

Ich habe fünf Jahre lang das Handwerk eines Populisten erlernt und als politischer Grenzgänger erfolgreich angewandt. Ich habe mit Haider die, letztlich immer gleichen, Tricks einstudiert, perfektioniert und andere darin unterwiesen. Ich weiß deshalb, wie sich Populisten entzaubern lassen und wie ihnen ihre Gegenspieler jenen Platz im politischen Biotop zuweisen können, der für eine Gesellschaft noch nützlich ist.

Ich erzähle meine Geschichte deshalb auch, um zu zeigen, wie Populisten wirklich funktionieren, was ihre Gegenspieler, allen voran die beiden großen politischen Blöcke der Sozialdemokraten und der Konservativen, falsch machen, wie sie es richtig machen könnten und wie sie, statt den Populisten den Weg zu ebnen, deren besondere Fähigkeiten zu ihrem eigenen Vorteil und zum Vorteil der Gesellschaft nutzen könnten.

Dieses Buch ist mein Beitrag zur Geschichtsschreibung: Über den Populismus in Europa und über Jörg Haider, der so viele Jahre lang der wichtigste Mensch in meinem Leben war.

Im Herz der Karawanken

Wir stiegen mit Atemwolken vor den Mündern und umgeschnallten Rucksäcken durch den frühen Morgen den Berg hinauf. Im Gegensatz zu Jörg Haider hatte ich nie viel Spaß am Wandern und Bergsteigen gehabt. Für mich als Bergbauernkind war die Natur kein so großes Abenteuer wie für ihn, und mit ihm war es besonders anstrengend, weil er Sport immer gleich als Wettkampf interpretierte. Doch an diesem sonnigen 28. Dezember des Jahres 2007 hatte ich keine Wahl. Haider hatte seine Funktion als Kärntner Landeshauptmann von Anfang an als eine Art Dauerwahlkampf angelegt und ließ sich Veranstaltungen wie die »Eierspeisparty« in der Klagenfurter Hütte im Bärental nicht entgehen. Umso weniger, als das Bärental seine Wahlheimat war. Er wollte, dass ich mitkomme, und ich hatte mich schließlich überreden lassen.

Uriges Beisammensein mit dem Zweck, Spenden für die Bergrettungen Klagenfurt und Ferlach zu sammeln, Zieharmonika-Musik, Gesang, Tanz, und zur »Eierspeis« viel Alkohol, das war das so einfache wie beliebte Konzept der Veranstaltung. Seit 1984 war sie Tradition, und auch dieses Jahr würden sich an die zweitausend Menschen bei dem ländlichen Spektakel einfinden, alle mit rohen Eiern im Gepäck, aus denen ihnen der Hüttenwirt ihre »Eierspeis« zubereiten würde. Einem Volkspolitiker wie Haider bot das eine perfekte Bühne. Während ich als sein Pressesprecher und engster Mitarbeiter eher widerwillig und einsilbig durch den Schnee stapfte, riss mich ab und zu das Gelächter der kleinen Wanderergruppe um ihn aus meinen Gedanken.

Als wir oben ankamen, war die Hütte bereits gefüllt, doch wie immer strömten über den Tag verteilt immer mehr Gäste in das kleine Alpenvereinshaus inmitten der Karawanken, bis es darin drückend eng wurde. Haider störte das nicht. Er kam umso mehr in Fahrt, je voller die Hütte wurde. Bis zum frühen Abend mischte er sich unter die Menschen, ging von Tisch zu Tisch, schüttelte Hände, scherzte, sang und tanzte. Obwohl der Mann auf die Sechzig zuging und damit mehr als dreißig Jahre älter war als ich, hatte er eine scheinbar unerschöpfliche Energie. An der Volksnähe, die er in der Hütte an den Tag legte, wirkte nichts inszeniert. War es auch nicht. Haider liebte das Bad in der Menge. Während anderen Politikern der direkte Kontakt zu den Bürgern suspekt bis unheimlich ist, eine lästige Pflichtübung vor allem in Wahlkampfzeiten, blühte Haider im Umgang mit Menschen erst richtig auf. Sie waren es, die seine Akkus mit Energie speisten. Tag für Tag aufs Neue. Je mehr Menschen er begegnete, umso größer war seine Energie.

Noch dazu hatte er die erstaunliche Gabe, sich Menschen, die er nur ein einziges Mal gesehen hatte, über Jahre hinweg zu merken, meist samt ihren Geschichten. Oft genug verblüffte er einen Gesprächspartner, wenn der »kennst mich eh nimmer« sagte, und Haider Jahre nach der ersten und einzigen Begegnung mit dem Mann, antwortete:»Klar, du bist doch der Heinz aus dem Maltatal. Wie geht es deinen beiden Töchtern? Die müssen jetzt auch langsam groß sein.«

Er wisse auch nicht, woher er das habe, hatte Haider einmal zu mir gesagt, er benütze es einfach. Jedem einzelnen seiner Gesprächspartner gab er damit das Gefühl, ihm ganz nahe und verbunden zu sein. Als wären sie alle keine Wähler, sondern ein fixer Teil seines Lebens, an den er sich zu jeder Zeit an jedem Ort erinnerte. Sie liebten ihn dafür und er war damit für sie weniger die Respektperson eines Landeshauptmannes, sondern vielmehr ein Freund, ein Kumpel, sie fühlten sich als Teil seiner großen Familie, die er Kärnten nannte und als dessen Oberhaupt er sich ansah.

Als die Dämmerung hereinbrach, stiegen wir mit ein paar Anderen wieder ab und erreichten schließlich das Anwesen der Haiders. Haider hatte natürlich noch lange nicht genug und wollte die Feierei noch im Haus ausklingen lassen. Das renovierte alte Bauernhaus lag abgeschieden in dem Tal, das seinen Namen von den vielen Bären hat, die es dort einmal gab. Ringsum erstreckte sich dichter Nadelwald. Unweit des Anwesens, auf einer Waldlichtung, stand eine kleine Kapelle. Nähere Nachbarn gab es in dieser Abgeschiedenheit keine, und auch keinen Handyempfang.

Wir polterten in das längst verdunkelte Haus und unterhielten uns in der rustikalen Bauernstube mit einer kleinen Gruppe von Begleitern noch lautstark über das Erlebte und den hinter uns liegenden Tag. Nach gut einer Stunde verabschiedete ich mich, stieg in meinen silbergrauen Nissan und fuhr los.

Die Straße nach Klagenfurt, die durch das Rosentaler Idyll führt, ist bei Tageslicht für Urlauber eine echte Traumstraße. Bei der herrschenden Witterung konnte ich mich darauf allerdings nicht konzentrieren, zumal nach einer derart ausgelassenen Feier. Ich richtete meine ganze Aufmerksamkeit also auf die Fahrbahn, die in engen Serpentinen einen Berg hinab und dann wieder hinauf führte, und auf der eine dünne Schneedecke lag.

Ich fuhr langsam und vorsichtig und kam gut voran. Bis zu dem Moment als ich mit meinen Rädern auf eine spiegelglatte Eisfläche traf und die Kontrolle über den Wagen verlor. Das Auto ließ sich nicht mehr steuern, schleuderte und glitt geradewegs auf eine steile Böschung zu. Leitplanken gab es dort keine. Meine Tasche, mein Handy und ein paar andere Dinge, die am Beifahrersitz gelegen waren, flogen durcheinander, als der Wagen einen Erdwall am Straßenrand durchbrach und über die Böschung hinunterstürzte.

Mit aufgerissenen Augen sah ich mit Schnee bedeckte Fichten auf mich zukommen, während mein Wagen durch das Strauchwerk rutschte. Mit einem dumpfen Knall kam der Nissan zum Stillstand. Er hing jetzt, abgefangen von einem Baumstumpf umgekippt im Gebüsch, sodass von der Straße her die Bodenplatte und die Räder zu sehen gewesen wären.

Ich hing still im Gurt und sah mich um, bis mich ein Knarren aus der Starre riss. Ich bekam Angst. Was, wenn das Auto weiter die Böschung hinunter purzelt? Ich löste den Gurt, prallte gegen die Fahrertür und kletterte auf allen Vieren über die Beifahrerseite hinaus ins klirrend kalte Freie und hinauf auf die Straße.

Es war längst stockdunkel. Ich stand mitten im Dezember in der Einöde, weit und breit kein Mensch, die Jacke im Auto, das Auto im Gebüsch. Wenigstens war ich relativ unversehrt, wie ich nach gründlichem Abtasten feststellte. Neben dem Handy hatte ich im Auto noch schnell meine Zigaretten zusammengesucht, und zündete mir eine an. Zwar war ich durch den Unfall in einem leichten Schock, mir war aber klar, dass ich noch nicht weit weg vom Anwesen der Haiders sein konnte. Also wählte ich die Festnetznummer im Bärental. Haider hob sofort ab. Ich redete bewusst beschwichtigend. »Ich habe ein kleines Problem«, sagte ich. »Ich habe gerade einen Unfall gebaut.«

»Um Gottes Willen, wo bist du? Ist dir etwas passiert?«

Ich beruhigte ihn. »Alles in Ordnung. Ich muss nur irgendwie das Auto aus der Böschung kriegen«, sagte ich.

»Rühr dich nicht vom Fleck, ich bin gleich da«, sagte Haider, nachdem ich ihm die Stelle so genau wie möglich beschrieben hatte.

Da stand ich also frierend mitten in diesem winterlichen Nirgendwo, wartete und starrte auf die leuchtenden Scheinwerfer meines Wagens. Nach kaum zehn Minuten hörte ich in der Ferne Sirenen aufheulen. Zuerst stellte ich keinen Zusammenhang zwischen ihnen und meinem Missgeschick her, schon gar nicht, als es anscheinend mehrere Sirenen wurden. Doch sie kamen näher, und wenige Minuten später war es, als würden aus allen Ecken des Tals Einsatzfahrzeuge auf mich zurasen.

Eine Heerschar an Einsatzkräften rückte an. Offensichtlich hatte Haider sie persönlich verständigt. Es war mir peinlich und ich wäre am liebsten im Erdboden versunken. So ein Aufwand, bloß um mein Auto aus der Böschung zu ziehen, dachte ich und erklärte den Einsatzleuten fast entschuldigend, was geschehen war. Da brauste auch schon Haider in seinem schwarzen Phaeton daher, stellte ihn mitten im Geschehen ab und sprang heraus.

Nachdem er sich kurz vergewissert hatte, dass es mir halbwegs gut ging, verschaffte er sich einen Überblick über die Lage. Während ich auf und ab lief, eine Zigarette nach der anderen rauchte und anfing, mir darüber Gedanken zu machen, wie mein Auto wieder halbwegs unbeschädigt aus der Böschung zu kriegen wäre, dirigierte Haider gemeinsam mit dem Feuerwehr-Kommandanten die Einsatzkräfte. Die befestigten an den Vorder- und Hinterrädern Seile und hoben den Nissan mit einem Kran hoch in die Luft und aus der Böschung heraus.

Ein Polizist trat auf mich zu. Ich hatte noch gar nicht bemerkt, dass in der Zwischenzeit auch die Polizei eingetroffen war. »Haben Sie Alkohol getrunken?«, fragte er.

Ich sah ihm in die Augen und schüttelte den Kopf. »Nein«, sagte ich.

Vielleicht glaubte er mir, vielleicht auch nicht, jedenfalls fragte er nicht weiter. »Die Kurve liegt tagsüber im Schatten. Da bilden sich bei etwas milderer Witterung regelmäßig Eisplatten«, sagte er stattdessen. Schon vor mir seien einige Fahrer hier weggerutscht. »Da sollte die Straßenmeisterei in Zukunft wohl Schotter streuen.« Damit ging er wieder.

Sie stellten meinen Wagen behutsam auf die Straße und nach Aufforderung Haiders drehte ich am Zündschlüssel. Niemand rechnete damit, dass das leicht verbeulte Ding anspringen würde, aber einen Versuch war es wert. Nach kurzem Rattern lief der Motor tatsächlich.

Am liebsten wäre ich gleich losgefahren, aber das ließ Haider nicht zu. »Du fährst sicher nicht selbst«, sagte er.

Ein junger BZÖ-Parteifunktionär, Fred Reininger, sollte mich chauffieren. Er war zuvor bei der kleinen Runde im Anwesen der Haiders dabei gewesen. Doch wir konnten noch nicht aufbrechen. Denn mit großer Geste verkündete Haider, dass alle Anwesenden zum Dank für die schnelle und professionelle Aktion in das nächste Wirtshaus eingeladen seien.

»Wir müssen das machen«, sagte er, als er bemerkte, wie müde und geknickt ich war. »Es dauert auch nicht lang.« Ich wollte nach der Unfall-Aufregung nur noch heim, fühlte mich aber in der Schuld der Feuerwehrleute und widersprach daher nicht.

Gegen zehn Uhr abends kamen wir in einem netten, aber mit seinem Stil der Siebzigerjahre schon etwas verkommenen Wirtshaus an. Die Tischtücher waren aus Plastik, die hölzernen Stühle mit Schaumgummi gepolstert und die bunten Tapeten an der Wand verblasst. Der Wirt staunte nicht schlecht, als rund zwanzig Gäste zur Tür herein strömten, die noch dazu der Landeshauptmann anführte. Schließlich war das Gasthaus eher als Treffpunkt der slowenischsprachigen Volksgruppe bekannt.

Nachdem Haider dem verdutzten Wirt mit einem lauten »servas« die Hand entgegengestreckt hatte, wandte er sich an mich und senkte die Stimme. »Es ist gut, dass wir hier auch einmal vorbei schauen«, sagte er.

Haider hatte halb Kärnten schon einmal die Hand geschüttelt und sprach ohnedies die meisten Kärntner per du an. Allen Sicherheits-Warnungen seiner Mitarbeiter und der Exekutive zum Trotz hatte er nicht die geringste Schwellenangst und ging überall hinein, selbst in die windigsten Spelunken, aus denen angesichts der dunklen Gestalten darin der Großteil der bürgerlichen Gesellschaft Kärntens gleich wieder geflüchtet wäre.

Wir saßen also dort, zwei Feuerwehrautos, einen Phaeton und einen verbeulten Nissan vor dem Gasthaus geparkt, und Haider schwang sich vor der versammelten Truppe zu einer Dankesrede auf. Er war verzückt. Der Abend bot ihm unversehens schon wieder eine Bühne, was ihm schon immer mehr Freude bereitet hatte, als einmal einen stillen Dezemberabend zurückgezogen mit sich selbst zu verbringen.

Er redete über Verlässlichkeit und andere Werte, und zwischendurch drang wieder entspanntes Gelächter, untermalt vom Klirren der Gläser, zu mir. Ich war leicht benommen, doch als Mann der zweiten Reihe, in jener Rolle, die ich mir für mein Leben ausgesucht hatte, wollte ich Haider nicht allein lassen und schon gar nicht ihm die Show stehlen.

Ziemlich einsilbig wartete ich darauf, endlich heimfahren zu können, doch es sah nach einer Stunde noch immer nicht gut für mich aus. Die Rede war zwar vorbei, aber die zweite Runde bereits bestellt. »Entschuldige, könnten wir dann bald aufbrechen?«, sagte ich nach fast zwei Stunden zu ihm. »Irgendwie geht es mir nicht so gut.«

Haider klopfte mir auf die Schultern. »Gleich«, sagte er.

Während die Gruppe immer ausgelassener wurde, verfiel ich zusehends. Schließlich wurde mir übel. Mit der Hand vor dem Mund riss ich gerade noch die Klotür auf und übergab mich im nächsten Augenblick. Obwohl ich nach wie vor halb ohnmächtig war, putzte ich das Klo mit Papier, um es halbwegs zivilisiert zu hinterlassen. In meiner Funktion brauchte ich keine Reden zu halten, aber ich durfte auch keinen schlechten Eindruck machen. Als ich zum Tisch zurückkam, sah mich Haider aufmerksam an.

»Dir geht es wirklich nicht gut«, sagte er.

Ich wusste, dass ich käsebleich war. »Ich habe gerade gekotzt. Aber ich glaube, das war nur vom Schock«, sagte ich.

Er stand auf. »Wir fahren ins Krankenhaus«, sagte er.

Ich schüttelte müde den Kopf. »Ich brauche nur etwas Schlaf.«

»Wir fahren jetzt sofort.«

Ich hasste Krankenhausaufenthalte und wollte tatsächlich nur ausschlafen, aber Haider machte sich nun offensichtlich wirklich Sorgen und duldete daher keinen Widerspruch. Also nahm ich am Beifahrersitz seines Phaeton Platz und er fuhr mich ins Landeskrankenhaus Klagenfurt, während Fred Reininger meinen demolierten Nissan zu meiner Wohnung brachte.

Eine Menge Schwestern liefen zusammen, als der Landeshauptmann persönlich einen Patienten in die Notaufnahme brachte. Er schüttelte allen die Hand. Einige kannte er auch hier, die sprach er mit ihrem Vornamen an. »Schaut ihn euch bitte genau an, Monika. Er hatte einen Unfall mit dem Auto. Wer weiß, was da passiert ist.«

»Mir geht es eh ganz gut. Alles halb so wild«, sagte ich, doch niemand hörte mir zu. Was mich nicht kränkte. Ich wusste, dass mir die Sonderbehandlung nicht zuteil wurde, weil ich Stefan Petzner war, sondern weil ich Haiders rechte Hand war. Meine Rolle privilegierte mich in Kärnten und das war reizvoll, aber ich war mir des Unterschiedes immer bewusst: Ohne Haider wäre ich nichts in Kärnten.

Ich konnte in Krankenhäusern nie gut schlafen, doch Haider bestand darauf, dass ich blieb. Ich kannte ihn als hilfsbereiten Menschen, der da war, wenn ihn jemand brauchte. Das zeichnete ihn aus. Andererseits war er nicht in der Lage, einer Bühne zu widerstehen, die sich ihm bot. Deshalb hielt ich mich nach meinem ungehörten Einwand auch hier im Hintergrund. Auch das Krankenhaus war sein Auftritt, nicht meiner, und seine Fürsorge gehörte zumindest zum Teil zum Programm.

»Wir machen das schon, Herr Landeshauptmann«, sagte Schwester Monika zu ihm. »Du brauchst dir keine Sorgen zu machen. Herrn Petzner wird es hier an nichts fehlen.«

Ich kam in den Genuss aller Annehmlichkeiten, über die ein Krankenhaus verfügt. Die Ärzte stellten nichts weiter als eine leichte Gehirnerschütterung fest, trotzdem bestanden die Schwestern weiterhin darauf, dass ich für die Nacht blieb, selbstverständlich in einem Einzelzimmer, das sofort bereitstand.

Als ich am nächsten Tag aufwachte, hatte ich Lust auf eine Morgen-Zigarette. Ich suchte das halbe Krankenhaus ab, bis ich einen Raucherhof fand. Kaum hatte ich mir eine angesteckt, stand ein Arzt neben mir, als hätte er mich die ganze Zeit beschattet. »Sie dürfen noch nicht rauchen«, maßregelte er mich. »Warten Sie bitte die weiteren Untersuchungen ab.« Es klang nach Rundum-Check vom Haaransatz bis zu den Zehennägeln.

Ich hatte genug. »Ich habe nichts und ich gehe jetzt nachhause«, antwortete ich, was der Arzt erst akzeptierte, nachdem ich einen Revers unterschrieben hatte. Am Weg aus dem Krankenhaus rief ich Haider an, sagte ihm, dass alles in Ordnung sei, und nahm mir ein Taxi. Unterwegs nach Hause hörte ich im Radio die Nachrichten. »Unfall des Pressesprechers von Landeshauptmann Dr. Jörg Haider. Stefan Petzner kam gestern in den späten Abendstunden im Rosental mit dem Wagen von der Straße ab.«

Die nächsten zwei Stunden musste ich damit verbringen, meiner Familie, Verwandten und Freunden am Telefon zu erklären, dass mir nichts fehlte. Zwischendurch tauchte auch schon mediale Kritik auf, weil bei der Bergung meines Wagens niemand einen Alko-Test mit mir gemacht hatte.

Als sich der Rummel legte und ich mich daheim in meiner kleinen Sofa-Ecke zurücklehnte, um meinen Unfall am vergangenen Freitag-Abend noch einmal Revue passieren zu lassen, fiel mir ein Traum ein. Einer, den ich immer wieder hatte, und der einer von diesen intensiven und besonders real scheinenden war.

Darin ging es auch um einen Unfall, bloß war nicht ich das Opfer. Alles lief in diesem Traum immer genau gleich ab. Mitten in der Nacht läutete mein Handy. Es war immer der gleiche Mann, dessen Stimme ich nicht kannte. Sein letzter Satz war immer der gleiche: »Der Landeshauptmann ist tot«, sagte er.

Mein Traumberuf

18 Jahre vor dieser Begebenheit im Rosental, an einem Sonntag um fünf Uhr nachmittags, hörten wir Kinder die Stimme unseres Vaters. »Wir müssen zurück«, rief er. »Die Kühe warten nicht.« Mein größerer Bruder und ich kannten den Spruch. Wir wären lieber noch geblieben, denn das Grenzlandfest war stets eine große Sache. Es hieß so, weil unser kleines Dorf, Laßnitz bei Murau, genau an der Grenze zwischen der Steiermark und Kärnten lag, die der kleine Bach bildete, der durch unser Tal floss. Es fand auch in diesem Jahr, 1989, auf einem Hof gleich in unserer Nähe statt. Die Frauen buken für das Fest Kuchen und brühten Kaffee auf, die Männer sorgten für Bier, Wein und Schnaps sowie für Tische und Sitzgelegenheiten, und die Kinder tollten miteinander herum. Wir fanden es unfair, dass wir schon fahren mussten. Stumm trotteten wir hinter meinem Vater her zum Wagen.

Zurück auf unserem eigenen Hof ruhten wir uns etwas aus, während sich mein Vater umzog und in den Stall ging. Als das Telefon läutete, dachten wir uns nichts dabei. Unser Onkel rief an, der auch mit uns am Grenzlandfest gefeiert hatte. Er war Vizebürgermeister von Laßnitz für die Volkspartei. Er klang aufgeregt.

Als mein Vater endlich aus dem Stall kam und den Anruf entgegen nahm, konnten wir die Stimme unseres Onkels aus dem Telefon hören, obwohl wir zwei Meter entfernt standen. »Der Haider ist da!«, rief er. »Der Haider!«

Mein Vater war ebenfalls im Gemeinderat politisch aktiv, allerdings nicht wie mein Onkel bei der ÖVP. Er war Ortsparteiobmann bei den Freiheitlichen, was mitunter intensive politische Diskussionen innerhalb der Familie und Verwandtschaft auslöste, den Frieden aber nicht störte.

Als mein Vater aufgelegt hatte, suchte er unverzüglich meine Mutter. Sie war einverstanden, die Kühe zu übernehmen. »Geh nur«, sagte sie zu meinem Vater, der sich den Auftritt des FPÖ-Chefs nicht entgehen lassen wollte.

Mein großer Bruder und ich wollten unbedingt mit. Die Aufregung meines Vaters steckte uns an, und obwohl wir noch klein waren, wussten wir, wer Haider war. Schließlich drehten sich die meisten der politischen Diskussionen in unserer Familie um den schillernden Haider. Er war der Mann aus dem Fernsehen, der sich mit allen anderen anlegte, der jung, frech und anders war, modern wirkte, und der für alle der Größte zu sein schien, selbst für die, die sich über ihn mokierten.

Seit ich denken konnte, hatte ich Haider als Sieger erlebt. Ich kam 1981 zur Welt und er eilte ab 1986 als Bundesparteiobmann der FPÖ von Wahltriumph zu Wahltriumph. Er war der Star, der Unbezwingbare, der ewige Gewinner. Er war für uns der Held einer Art Realitiy-Soap, die uns so sehr beschäftigte, dass sie Teil unseres Lebens war. Diesen Mann in echt zu treffen, war für mich vergleichbar damit, Michael Jackson zu treffen. Er war fast außerirdisch. Unerreichbar. Weit weg, und jetzt auf einmal ganz nah.

Mein Vater duschte eilig, zog sich wieder sein Festtagsgewand und hielt uns die Fondtür unseres weinroten Passat auf. Zurück auf dem Fest mischten uns unter die anderen Besucher. Nach wie vor herrschte reger Betrieb. Überall auf dem weitläufigen Gelände des Hofes wuselte es vor Menschen. Werkzeugkammern und Scheunen dienten heute als Bier-Schuppen, Schnapsbars und Kaffeeküchen, und eine Tenne als Tanzboden. Irgendwo mitten in diesem Gewusel musste Haider sein.

Während mein Vater die Menschenmenge nach ihm absuchte, eilten wir Kinder hinter ihm her. Bis ich ihn sah. Haider stand bei ein paar Musikanten. Sie spielten Ziehharmonika und er spielte mit. Genau im Takt schlug er zwei Löffel aufeinander, ausgelassen und mit einem breiten Lächeln, als gehöre die ganze Welt ihm. Gleichzeitig schaffte er es auch noch, Menschen im Publikum zuzunicken oder ihnen etwas zuzurufen.

Ich hob langsam eine Hand, um auf ihn zu zeigen. Da entdeckte ihn auch mein Vater, und während er geradewegs auf ihn zusteuerte, blieb ich mit Respektabstand wie angewurzelt stehen und starrte ihn gebannt an. Ich hatte noch nie jemanden in echt gesehen, der berühmt war. Vor kurzem hatte ich noch gedacht, dass es die Menschen im Fernsehen gar nicht wirklich gab, sondern dass sie so im Fernseher eingeschlossen waren, wie die Helden von Romanen anscheinend in Buchseiten eingeschlossen waren. Ein bisschen unwirklich kam er mir noch immer vor. Er war wie ein Fernsehbild, das sich mit dem richtigen Leben vermischt hatte, wie eine Projektion inmitten der vertrauten Menschen um mich.

Haider stand in weißem Hemd da und wirkte inmitten des Trubels souverän und erhaben auf mich. Er hatte die ungeteilte Aufmerksamkeit aller Menschen um sich. Auch mit meinem Vater tauschte er sich aus. Schließlich ging er von Tisch zu Tisch und von Stand zu Stand. Er ging das ganze Gelände ab und reichte allen die Hand. Jedes seiner Gegenüber schien für diesen Augenblick seine ungeteilte Aufmerksamkeit zu haben.

Mein Bruder war bei mir geblieben und beobachtete mit mir das Treiben. Erst als wir sahen, dass Haider Autogramme schrieb und sich eine ganze Menschentraube um ihn bildete, um eines zu ergattern, wagten wir uns vor. Haider stand jetzt auf einem kleinen Podest und gab jedem eine Autogrammkarte, der eine haben wollte. Wir stellten uns in die Schlange. Ich fragte mich, was ich tun sollte, wenn ich an der Reihe war, aber ich war zu nervös, um darüber nachzudenken. Stück für Stück rückten wir näher, und irgendwann war ich auf einmal derjenige, der Haiders ungeteilte Aufmerksamkeit hatte. Ich erstarrte fast vor Ehrfurcht und sah ihn einfach nur mit großen Augen an. Haider grinste mich an. »Das sind dann Wähler von morgen«, sagte er zu den Erwachsenen um uns und drückte mir eine Karte in meine ausgestreckten Hände. Mein »Danke«, das er dafür bekam, hörte er gar nicht mehr, weil er längst dem Nächsten sein Autogramm in die Hand drückte. Dennoch war ich hochzufrieden. Er war mein Idol und nun hatte ich ein Stück dieses Idols in Form seiner Unterschrift und konnte es an die Wand meines Kinderzimmers kleben.

Als wir Kinder uns wenige Wochen später in der Früh die Schuhe anzogen, machte meine Mutter wie immer jedem von uns ein Kreuzzeichen auf die Stirn. »In Gottes Namen«, sagte sie dabei, was so viel bedeutete wie »Viel Glück, und kommt heil wieder heim«. Gleich darauf standen wir wie jeden Schultag vor dem Haus unseres Nachbarn und wartete auf den alten gelben Postbus, der uns zur Laßnitzer Volksschule bringen würde. Dreißig Schüler besuchten sie, und es gab zwei Lehrerinnen, eine für die erste und die zweite Klasse, sowie eine für die dritte und die vierte. Die Busfahrt dauerte rund 25 Minuten und als Volksschüler musste ich einmal umsteigen, denn der eine Bus fuhr mit den Hauptschülern und AHS-Schülern in die nächstgrößere Stadt, nach Murau, weiter, während ein anderer Bus die Volksschüler nach Laßnitz brachte.

Ich ging in die vierte, und an diesem Schultag im Jahr 1991, ich war zehn Jahre alt, sollten wir in Deutsch einen Aufsatz schreiben. Thema: Mein Traumberuf.

Ich mochte die Volksschule, weil ich dort jeden Tag Kinder aus unserer Gegend traf. Ich war allerdings nur ein mittelmäßiger, weil eher fauler Schüler, der mehr Streiche als Lernen im Kopf hatte. Deutsch ging noch ganz gut, aber die anderen Fächer wie Rechnen fielen mir eher schwerer.

Mein Traumberuf? Ich saß vor meinem Heft in der Schulbank, in die schon Schülergenerationen vor mir ihre Zeichen und Muster geritzt hatten, und musste nicht lange nachdenken. Ich wollte weder Astronaut noch Feuerwehrmann werden, und auch nicht Bauer wie mein Vater und mein Onkel. Ich hatte keinen dieser typischen Jungen-Berufswünsche. Ich wusste ganz genau, was ich werden wollte, und ich war sicher, dass ich es schaffen würde, trotz meiner mäßigen schulischen Leistungen und trotz eines anderen Problems, das mich seit einer Weile heimgesucht: Irgendwann in der zweiten Klasse hatte ich zu stottern begonnen.

Weder wusste ich, woher es kam, noch beschäftigte es mich sonderlich, was wohl daran lag, dass wir Kinder einander alle schon immer kannten und nicht hänselten. Es war einfach da und fiel mir zum Beispiel dann besonders auf, wenn ich einmal aufzeigte, aber, wenn mich die Lehrerin aufrief, die Laute nicht heraus brachte. Irgendwann fiel das Stottern auch ihr auf, worauf sie mich in Absprache mit meiner Mutter zu einer Sprachlehrerin schickte. Zu der musste ich einmal die Woche, wegen diverser Übungen, deren Sinn sich mir damals überhaupt nicht erschloss.

Trotzdem hatte mein Traumberuf viel mit der Fähigkeit zu sprechen zu tun. Und mit den in der Grundfarbe Blau gehaltenen Werbeartikel der FPÖ, die ich im Kofferraum des weinroten Passat meines Vaters fand, wenn gerade Wahlkampf war. Ich begutachtete dann immer die Kugelschreiber, Sticker und Aufkleber. Während des Wahlkampfes im vergangenen Jahr hatte ich mich über und über mit Stickern behängt, auf denen »Ich flieg auf die FPÖ« stand, und war so zur Schule gegangen.

Mein Berufswunsch hatte auch mit meiner wachsenden Leidenschaft für politische Diskussionen zu tun. Während andere Kinder im Schulbus über Kleidung oder Pop-Hits stritten, versuchte ich, politische Diskussionen loszutreten. Meine Cousine, eine Tochter der Kocher-Familie, hielt meistens mit. Ganz ihrer Familientradition entsprechend vertrat sie die ÖVP, während ich für die FPÖ das Wort ergriff. Ich konnte sie relativ einfach in Schach halten, indem ich ihr die Wahlerfolge der FPÖ vorhielt, und die immer größer werdenden Stimmenverluste der ÖVP. Manchmal wurde es so hitzig, dass der Busfahrer intervenieren musste.

Mein Berufswunsch also. Ohne langes Zögern schrieb ich in meinen krakeligen Zügen, an denen unsere Lehrerin wenig Gefallen fand, meine Überschrift hin: »Generalsekretär in der FPÖ unter Jörg Haider.«

Mein politischer Hintergrund

Ich habe mich nie für Ideologien interessiert. Meine Begeisterung für die Politik galt immer nur dem Handwerk. Als Kind interessierte mich, wer die Kugelschreiber, Sticker und Aufkleber machte, die ich im Kofferraum meines Vaters fand. Je mehr ich über diese Dinge herausfand, desto mehr faszinierte mich, womit sich Menschen begeistern ließen und womit nicht, oder wie Wahlkämpfe funktionierten und welche Dynamik ihnen innewohnte. Schuld daran war wohl eine Prägung durch meine Familie, die mütterlicherseits aus einem christlich-sozialen und väterlicherseits aus einem freiheitlichen Teil bestand. Die politischen Wurzeln beider Teile reichten weit in die Vergangenheit.

Meine Mutter, eine geborene Kocher, bekam von ihren Eltern den Namen der österreichischen Kaiserin Maria-Theresia. Die Kochers waren eine von zwei großen Bauernfamilien in unserem Tal. Ihr erster politischer Funktionär war Friedrich Kocher, mein Ururgroßvater, der von 1919 bis 1920 für die Christlich-Sozialen Mitglied der konstituierenden Nationalversammlung der Ersten Republik war. In diesem ersten, vom Volk frei gewählten Parlament in der Geschichte Österreichs, nach dem Ersten Weltkrieg, beschloss er die Bundesverfassung mit und stimmte bei der Ratifizierung des Friedensvertrags von St. Germain ab. Schon während der Anfänge des Nationalsozialismus waren die Kochers offen gegen Hitler, dessen Schergen den damaligen christlich-sozialen Bundeskanzler Österreichs, Engelbert Dollfuß, ermordeten. Der Name meiner Großmutter war ein Tribut an ihn: Engelberta. Einer unserer Familienlegenden zufolge verweigerte meine Ururgroßmutter Wehrmachtssoldaten einmal sogar Verpflegung. »Für den Hitler gib i nix«, soll sie gesagt haben.

Auch die politische Tradition der väterlichen Linie in meiner Familie reichte weit zurück. Klement Wallner, mein Ururgroßvater väterlicherseits, war Mitglied im Landbund, einer deutsch-nationalen, antiklerikalen Bauernbewegung, die in Deutschland entstanden war und sich auch in Österreich verbreitet hatte. Wie viele zur damaligen Zeit war wohl auch er für den Anschluss Österreichs an Deutschland. Denn nur wenige glaubten damals an das Überleben dieses kleinen Rest-Österreichs, das von der einst so großen K&K-Monarchie übrig geblieben war.

Mein Großvater väterlicherseits, Rudolf Petzner, war ein klassischer Mitläufer. Über seine Haltung im Dritten Reich sprachen wir nie viel. Es hieß von ihm nur, dass er im Zweiten Weltkrieg als Soldat in Deutschland stationiert gewesen sei. Nach dem Ende des Zweiten Weltkrieges war er Anhänger und Mitglied des VDU, des Verbandes der Unabhängigen, einem nach dem Krieg neu entstandenen Sammelbecken national gesinnter Kräfte. Später wurde er Mitglied der Freiheitlichen Partei Österreichs, der FPÖ, die Ende der Fünfzigerjahre aus dem VDU hervorging.

Mein Vater Hubert wurde 1968 ebenfalls Mitglied der FPÖ. Er übernahm bereits in jungen Jahren sein Mandat als Gemeinderat in unserem Dorf, das damals immer die ÖVP dominierte. Er wurde FPÖ-Ortsparteiobmann und kandidierte später auch für den steirischen Landtag.

Mit meinen Eltern begegneten sich also zwei Kinder aus zwei Familien, die politisch völlig konträr waren. Noch dazu waren die Petzners neben den Kochers die zweite große Bauernfamilie in unserer Gegend, weshalb beide Familien besondere Beachtung und Aufmerksamkeit fanden. Die Liebe wollte es so, dass mit meinen Eltern ausgerechnet zwei Kinder aus diesen beiden großen Familien zueinander fanden und heirateten.

Da es damals üblich war, um Erlaubnis zu bitten, wollte meine Mutter ihrer Urgroßmutter ihre Wahl möglichst schonend beibringen. »In Ordnung«, sagte die. »Der Hubert ist ein anständiger Bauer.« Dann hob sie einen Finger. »Aber dass er ein Freisinniger ist, das passt mir gar nicht.« Die Anhänger der Freiheitlichen Partei nannten sie bei uns damals noch »Freisinnige«. Trotz dieser gegensätzlichen Einstellungen befreundeten sich beide Familien eng miteinander. Die einzige Folge der politischen Trennlinie zwischen ihnen war eine besonders intensiv gelebte politische Diskussionskultur. Politik war bei uns immer Thema. Wir waren alle daran interessiert. Wie das bei einer großen Bauernfamilie mit fünf Kindern so ist, saßen im Haus Petzner immer alle am Küchentisch und debattierten. Wir lernten dabei die Materie spielerisch kennen, indem wir anfangs nur zuhörten und dann immer mehr mitredeten. Mein Vater gab uns nie eine Linie oder eine Ideologie vor. Er war eher darauf bedacht, uns zu mündigen und selbstbestimmten Bürgern zu erziehen.

Nachrichtensendungen im Fernsehen waren bei uns Fixtermine, nach denen wir das Weltgeschehen besprachen. In unserem Tal war das Fernsehen das einzige richtige Fenster zur Welt. Sonst gab es nur Wald, Wiesen und Kühe, was idyllisch sein mochte, aber auch sehr abgeschieden. Wir waren als Bauernfamilie nie im Ausland auf Urlaub gewesen. Schon ein Ausflug zum Wörthersee war etwas Besonderes für uns, obwohl er kaum eine Stunde Autofahrt entfernt lag. Als ich mit knapp elf Jahren zum ersten Mal eine Rolltreppe sah, war das wie ein Weltwunder für mich. Über Politik zu diskutieren war für mich deshalb auch eine Form, am Rest der Welt teilzuhaben.

Der Fall der Berliner Mauer etwa war für mich ein einschneidendes Erlebnis. Dass der Kommunismus im Osten Deutschlands gescheitert war, verstand ich damals nicht wirklich, dennoch saß ich mit den anderen vor dem Fernseher und sah mit großen Augen all diese Menschen auf der Mauer stehen. Etwas Gewaltiges, Weltveränderndes passierte da, das begriff ich. Mein Vater, der neben mir saß, war aufgelöst und glückselig. »Passt auf und merkt euch das«, sagte er zu uns Kindern. »Schaut zu, denn in diesem Moment wird Weltgeschichte geschrieben.« Sein Versuch, uns die Hintergründe zu erklären, schlug fehl, doch eine Sache verstand ich: Politik verändert die Welt.

Der Sturz des rumänischen Diktators Nicolae Ceaușescu war auch so ein Ereignis. Die Fernsehbilder waren gespenstisch: Der Diktator, der mit geballter Faust vom Balkon seines Palastes spricht, die demonstrierenden Massen vor ihm zu beschwichtigen und mit neuen Versprechungen zu besänftigen versuchte. Das Volk, das das Gebäude stürmte und ihn zur Flucht im Hubschrauber vom Dach seines eigenen Palastes zwang. Drei Tage später seine Verhaftung, der Schauprozess und seine Hinrichtung durch ein Erschießungskommando, das ihn an eine Ziegelwand an einem geheim gehaltenen Ort irgendwo in Rumänien stellte. Diese Bilder verfolgten mich tagelang in meinen Träumen. Mit acht Jahren verstand ich, dass es in der Politik nicht nur geliebte und geehrte Menschen gab, sondern dass politisches Handeln auch düstere Konsequenzen haben konnte. Den Tod inklusive.

Mein Vater hatte immer ein gespaltenes Verhältnis zu Haider. Zum einen freute er sich über die steigende Bedeutung, die seine Partei, für die er im Laßnitzer Gemeinderat saß, durch die von Haider erzielten Wahlerfolge auf einmal hatte. Vor Haider war die FPÖ eine Kleinstpartei mit gerade einmal vier, fünf oder höchstens acht Prozent gewesen, erst mit Haider an ihrer Spitze begann ihr Siegeszug. Wir saßen an jedem Wahlabend vor dem

Fernseher, egal ob gerade Landtagswahl oder Nationalratswahl war, und fieberten dem Ergebnis entgegen. Dass Haider wieder einmal gewinnen würde, war damals schon vor der ersten Hochrechnung dem ganzen Land klar, die Frage lautete stets nur noch, wie hoch.

Andererseits fühlte sich mein Vater immer dem liberalen Lager innerhalb der FPÖ zugetan, das sich von vielen Ideen des nationalen Lagers, dem die Burschenschaften angehörten, distanzierte. Auf einem Bundesparteitag der FPÖ stimmte er seinerzeit daher auch für den liberalen Norbert Steger als Parteiobmann und gegen den Kandidaten des nationalen Lagers. Jenem Norbert Steger, der später von Jörg Haider gestürzt werden sollte. Denn obwohl mein Vater als Bauer aus einer konservativen und ländlich-traditionell geprägten Region stammte, war er ein weltoffener und liberaler Mensch. Als solcher war er ein glühender Anhänger des vereinten Europa, des Euro als gemeinsame Währung und des Beitritts Österreichs zur EU. Haider hingegen schürte zuerst die Ängste der Menschen vor diesen Veränderungen, und benützte sie dann, um zu polarisieren.

Die kalkulierten Skandale, die Haider regelmäßig lieferte, verabscheute mein Vater. Als Haider Österreich als »ideologische Missgeburt« bezeichnete und wochenlang Historiker und Politikwissenschaftler darüber diskutierten, war auch er aufgebracht. »Was ist ihm da wieder eingefallen?«, schimpfte er. »Das geht doch nicht. Das ist eine Beleidigung aller Österreicher. Ich kann das nicht unterstützen.«

Auch als Haider das Thema Zuwanderung entdeckte und 1993 sein Ausländer-Volksbegehren startete, weigerte sich mein Vater, es zu unterstützen und zu unterschreiben. »Das ist menschenverachtend«, sagte er zu mir, und Hetze würde seiner politischen Haltung widersprechen. Zu den grundlegenden christlichen Werten, die ausgesprochen oder unausgesprochen meine gesamte Familie prägten, gehörte auch die Hilfe für Menschen, die Hilfe benötigten. Egal welcher Herkunft. Ich hingegen sah die Dinge emotionslos. Ich sah in Haider den geschicktesten politischen Taktiker im Land, der mit seinen Gegenspielern meist machte, was er wollte. Bei seinen polarisierenden Äußerungen interessierte mich vor allem, wie weit er gehen konnte. Ich entdeckte die schmale Grenze zwischen Applaus und Ekel bei solchen Äußerungen, und Haider als waghalsigen Grenzgänger zwischen den Fronten. Als Haider etwa im TV-Duell im Zuge der Nationalratswahl 1994 den damaligen sozialdemokratischen Bundeskanzler Franz Vranitzky vor laufenden Kameras mit einem »Taferl« auf dem die Mehrfach-Einkommen eines SPÖ-Multifunktionärs angeführt waren, völlig aus der Fassung und aus dem Konzept brachte, war ich nicht nur fasziniert. Die dahinter steckende Machart solcher Aktionen und ihre Wirkungsweise beschäftigten mich intensiv.

Doch die Kluft zwischen mir und meinem Traumberuf erwies sich, als ich in die Hauptschule in der Bezirkshauptstadt Murau wechselte, noch größer, als es in der Laßnitzer Volksschule den Anschein gehabt hatte. Dort sah es für mich weder nach einer Laufbahn in der Politik, noch in irgendeinem anderen Bereich, der eine höhere Bildungslaufbahn voraussetzte, aus. Denn ich kam mit dem Schulwechsel schwer zurecht. Für einen Bauernjungen wie mich war Murau eine große fremde Stadt mit vielen unbekannten Gesichtern. Alleine in meiner Klasse waren jetzt mehr Schüler als bisher in der ganzen Schule, und insgesamt gab es hier mehrere Hundert. Das machte mir Angst. Ich zog mich in mich selbst zurück und wurde ein extrem schüchterner Junge.

Meine wenigen Freunde aus der Volksschule fanden rasch Anschluss und waren für mich schon bald keine Bezugspersonen mehr. Auch deshalb, weil ich im Unterricht weiterhin nur Mittelmaß war. Außer in Deutsch war ich in allen Fächern in der zweiten von drei Leistungsgruppen, während meine Kindheitsfreunde sich alle in der ersten Gruppe befanden. Dabei musste ich ständig fürchten, in die dritte Leistungsgruppe abzurutschen. Einmal sollte ich im Mathematik-Unterricht an der Tafel ein Beispiel vorrechnen. Ich hatte keine Ahnung und brach in Tränen aus. »Ich will nicht in die dritte Leistungsgruppe, ich will nicht in die dritte Leistungsgruppe«, schluchzte ich. In der dritten Leistungsgruppe wäre ich der einzige Schüler meiner Klasse gewesen, was auch daran lag, dass damals alle guten Schüler in die eine Klasse gesteckt wurden und die schlechten Schüler in die andere. Als Schüler des Mittelmaßes fiel ich diesem selektionsartigen Einteilungsprozess, der nur schwarz oder weiß kannte, zum Opfer. Für die schlechte Klasse war ich zu gut, und für die gute Klasse war ich zu schlecht. Am Ende landete ich in der guten Klasse, war dort aber der Schlechteste unter lauter Einser-Schülern.

Im Sport konnte ich auch nicht mithalten. Bei Völkerball oder Fußball wählten mich die anderen immer als wenn nicht Letzten, als Vorletzten unter großem Seufzen in die Mannschaft. Meiner ohnehin sensiblen Natur tat das gar nicht gut. Ich fühlte mich hilflos, ausgeliefert, allein gelassen und zog mich noch mehr zurück. Ich sprach während der ersten beiden Jahre in der Hauptschule mit fast niemandem meiner Mitschüler ein Wort.

Ab der dritten Klasse verbesserten der Deutsch- und der Geografie-Unterricht mein Selbstbewusstsein zumindest ein wenig. Beide Fächer unterrichtete eine Lehrerin namens Juliane

Höfinger, die uns politische Bildung vermitteln und uns für das nationale und internationale politische Geschehen interessieren wollte. Die Erfolge der anderen Schüler in diesem Bereich waren mäßig, aber ich war aufgrund der elterlichen Prägung über alle politischen Entwicklungen genau informiert und sammelte so bei Juliane Höfinger Punkte. »Stefan hat es als Einziger gewusst«, sagte sie, wenn sie mit Verweis auf die darin enthaltenen politischen Fragestellungen unsere Tests zurückgab.

Es waren kleine Lichtblicke in meiner Isolation. Doch selbst bei diesen Gelegenheiten quälte mich das Stottern, das mir mittlerweile als Problem voll bewusst geworden war, und das mich alljährlich für einige Zeit heimsuchte, um dann ebenso leise und unauffällig wieder zu verschwinden, wie es gekommen war. Einmal war die Apartheid in Südafrika Thema. Nelson Mandela kam gerade frei, Frederik Willem de Klerk dankte ab und ein neues Zeitalter begann für das Land. »Wie hieß das abgelöste politische System in Südafrika?«, fragte Höfinger.

Schweigen in der Klasse. Ich wusste es aus den Nachrichten, die bei uns daheim nach wie vor Fixtermine für alle waren. Doch ich zögerte, meine Hand zu heben. Ich wusste wie jeder Stotterer, dass jedes Wort, das mit einem Vokal beginnt, besonders schwierig ist. Sekunden verstrichen. Juliane Höfinger streifte mich mit einem halb fragenden Blick.

Auf die Toleranz meiner Mitschüler in Sachen Stottern konnte ich in der Hauptschule nicht zählen. Besonders Klaus, der beliebteste Junge in unserer Klasse und Klassensprecher, war in dem Punkt gnadenlos. Er stellte mich regelmäßig bloß und hänselte mich dafür, was mein Problem nur noch schlimmer machte. Mir fiel auch keine Möglichkeit ein, das »A« in »Apartheid« durch eine andere Satzkonstruktion zu umgehen.

Ich lasse mich davon nicht unterkriegen, ich kriege das weg und dann werde ich Generalsekretär der FPÖ unter Haider, dachte ich während Höfinger das Wort in den Raum schmetterte, das ich die ganze Zeit im Kopf gehabt hatte.

Daheim sahen wir uns in dieser Zeit einmal eine Übertragung einer Nationalratssitzung an. Mein Vater saß in seinem Couchsessel und ich auf der Ofenbank direkt in seinem Rücken.»Weißt du, was ich mir wünsche?«, sagte er, mitten aus dem Nichts. Ich erwartete eine der üblichen Belehrungen, dass ich mich mehr anstrengen sollte, damit etwas aus mir wird. Doch er hatte anderes im Sinn.»Ich wünsche mir, dass einmal einer meiner Söhne im Nationalrat sitzt«, sagte er. Er hätte das selbst auch gerne geschafft, aber für ihn hätte es sich nie ergeben.»Das würde mich sehr stolz machen«, sagte er.

Ich schwieg. Ich antwortete nur innerlich: Ja Papa, ich werde einmal dort sitzen. Das verspreche ich dir.

Ich war in diesem Moment sicher, dass jeder Mensch eine Bestimmung im Leben hatte, und dass meine trotz meiner Schulleistungen die Politik war. Diese Gewissheit in mir war so groß, dass ich trotz meiner Isolation und den damit verbundenen Demütigungen alle Probleme und Hürden als Aufforderung sah, härter zu arbeiten, härter zu kämpfen und alles zu unternehmen, um dieses Ziel zu erreichen.

Ich fing an, dafür zu üben. Vor dem Badezimmerspiegel hielt ich Reden. Ich war vielleicht vor Menschen blockiert, aber das hinderte mich nicht daran, hier an meiner Mimik, Gestik und Rhetorik zu arbeiten. Ich stützte die Hände auf den Rand des Waschbeckens, das mir als Rednerpult diente, und legte los. Es waren keine konkreten politischen Themen, die ich da mit mir selbst besprach, ich übte eher die Stilmittel, Techniken und rhetorischen Kunstgriffe der Politiker. Ich studierte Gesten ein, Stehsätze und einzelne Bauteile. »Ich sage Ihnen, meine Damen und Herren, es ist wichtig, dass wir uns unserer Verantwortung im Bereich der Ausländer- und Sicherheitspolitik stellen. Hier geht es um den Schutz unserer Heimat Österreich!« Die Fragen der Fernseh-Moderatoren an Politiker merkte ich mir, um damit vor dem Spiegel zu üben. Selbst beim Spielen oder bei Hofarbeiten murmelte ich politischen Argumentationen vor mich hin. Am meisten Inspiration holte ich mir von der FPÖ. Sie zeigte damals im Vergleich zu den anderen Parteien einen anderen, neuen und aggressiven rhetorischen Stil. Ich sah die FPÖ-Politiker Peter Westenthaler und Walter Meischberger Journalisten und politische Gegner regelrecht niederreden. Sie brachten im Fernsehen die Fragesteller meist schon aus dem Konzept, ehe die überhaupt richtig angefangen hatten.

In etwa dieser Zeit organsierte die FPÖ-Bezirkspartei von Murau eine Fahrt nach Wien mit einem Besuch des Parlaments. Mein Vater meldete sich und mich zu dieser Fahrt an. Wien war mir egal, nur das Innenleben dieses Gebäudes mit seinen wuchtigen Säulen und der steinernen Pallas Athene vor dem Eingang interessierten mich. Ehrfürchtig ging ich durch die langen Gänge und versuchte dabei mit allen Sinnen, die Eindrücke zu erfassen und einzuprägen, die sich mir boten. Ich sog die Luft auf, die nach dem alten Gemäuer dieses historischen Gebäudes roch und sah den verstreut vorbei eilenden Mitarbeitern und Abgeordneten, mit ihren Akten und Unterlagen unter dem Arm, hinterher. Als Höhepunkt lauschte ich an der Seite meines Vaters von der Besuchergalerie aus der gerade laufenden Nationalratssitzung im großen Plenarsaal. Ich sah das hölzerne Rednerpult mit den schwarzen Mikrofonknöpfen, um das sich wie in einer

Arena die Sitzreihen der Abgeordneten auftürmten. Auf einem dieser Sessel werde ich sitzen, dachte ich. Von diesem Rednerpult aus werde ich sprechen. In diesem Haus werde ich arbeiten. Ich war überwältigt von dieser Flut an Eindrücken und fühlte mich dennoch zuhause und angekommen. Nur widerwillig räumte ich nach Aufforderung einer Saalordnerin meinen Platz auf der Galerie, um für die nächste Besuchergruppe Platz zu machen. Ich komme wieder, als einer von ihnen, sagte ich still in mich hinein, während mein Blick ein letztes Mal über die Reihen der Abgeordneten strich.

Als in der vierten Klasse die Nationalratswahlen 1994 vor der Tür standen, ließ uns Juliane Höfinger die Runde der Spitzenkandidaten im Fernsehen nachstellen. Jeweils ein Schüler sollte eine der Parteien vertreten, und dann würde die Klasse mit Stimmzetteln wählen. Beim Völkerball und beim Fußball wurde ich noch immer als Letzter in die Mannschaften gerufen, aber wenn es um die FPÖ ging, war ich der Erste. Es stand in der Klasse außer Streit, wer die FPÖ in dieser Diskussion vertreten sollte, den von meinem politischen Interesse wussten längst alle. »Das macht der Stefan«, hieß es.

In den nächsten Tagen bereitete ich mich intensiv darauf vor. Ich las Hintergrundinformationen und übte wuchtige Ansagen über die rot-schwarze »Freunderlwirtschaft« und die »Privilegienritter« ein. Bepackt mit Unterlagen ging ich in die Diskussion.

Für die SPÖ trat Klaus an, der auch unser Klassensprecher war. Es war meine Chance, mich für die Jahre der Ausgrenzung zu revanchieren. Mir war klar, dass sich niemand so intensiv auf diese kleine Übung in der Klasse vorbereitet hatte wie ich, dass ich in politischem Wissen allen anderen überlegen war und dass es mir leicht fallen würde, meine Gegner rhetorisch zu besiegen.

Nun konnte ich zeigen, was ich die Jahre zuvor heimlich zuhause vor dem Spiegel wieder und wieder geübt und geprobt hatte. Nur eines konnte mich noch stoppen: Das Stottern. Ich wusste aber auch, ich konnte diese Sprachbarriere überwinden, wenn ich nur wollte und die Angst davor überwand.

Mit voller Konzentration legte ich los. Der erste Satz gelang mir perfekt, der zweite ebenfalls. Damit war der Damm gebrochen und die Worte und Sätze sprudelten nur so aus mir heraus. Klaus knickte ein, als ich Argument um Argument und Beispiel um Beispiel brachte. »Mit solchen Mitteln arbeitet ihr! Das ist ein Skandal!«, sagte ich einmal, während ich ein Plakat der Sozialistischen Jugend hochhielt. »Inländer sind faul und stinken«, stand darauf. Es war ein Versuch der Sozialistischen Jugend gewesen, die Diktion der FPÖ zu karikieren, doch im Getöse eines Nationalratswahlkampfes hat solche Ironie keinen Platz und die Sache war für die SJ nach hinten losgegangen. Die FPÖ hatte das Plakat sogar groß in ihrer Parteizeitung abgedruckt. »Das ist also eure Meinung über uns«, sagte ich in Richtung Klaus, »dass wir faul sind und stinken.«

Nach der Auszählung durch unsere »Wahlkommission« war ich klarer Sieger, und Juliane Höfinger wirkte leicht pikiert. Sie dachte anscheinend, sie hätte im Unterricht etwas falsch gemacht, weil alle FPÖ wählten, eine Partei, die für sie offenbar unwählbar war. Niemand meiner Mitschüler gratulierte mir, dem Außenseiter. Mir jedoch reichte das Wissen, endlich einmal gewonnen zu haben. Gegen Klaus. Auch gegen mich selbst. Und für die FPÖ. Es gab ein Gebiet, auf dem ich, nun auch nachweislich, der Beste war.

Als in der Folge die Entscheidung über meine Zukunft nach Beendigung der Schulpflicht anstand, war Juliane Höfinger die

Einzige, die mich dann in ein Oberstufenrealgymnasium schicken wollte. Alle anderen Lehrer sahen mich angesichts meiner bis zum Schluss mäßigen Schulerfolge eher in einem Lehrberuf und rieten meinen Eltern von ihrem Vorhaben ab, mich an eine höhere Schule zu schicken. Doch Höfinger hielt dagegen. »Der Stefan schafft das«, sagte sie meinen Eltern. Sie setzte sich durch und ich konnte im musischen Zweig des Gymnasiums mit neuen Mitschülern neu anfangen.

Vielleicht war es mein Sieg in der nur für mich so wichtigen »Elefantenrunde«, der mir das Gefühl gab, nicht nur in meinen Träumen, sondern auch im richtigen Leben für etwas gut sein zu können. Jedenfalls vollzog ich in der neuen Schule einen kompletten Wandel. In kürzester Zeit wurde ich von einem schüchternen Außenseiter zu einem aufgeweckten und besonders kommunikativen Jungen. Ich kompensierte jetzt, was ich vier Jahre lang an Freundschaft und Austausch verpasst hatte.

Ich musste mich zwar mit dem Unterrichtsstoff abmühen, doch jetzt war ich fester Bestandteil einer richtig gut funktionierenden Klassengemeinschaft und entwickelte das Talent, nicht nur meine Mitschüler, sondern auch meine Lehrer mit lausbübischem Charme und einem gewissen ironischen Witz für mich einzunehmen. Mich verblüffte es am Anfang selbst, wie effizient sich diese Instrumente einsetzen ließen. Einmal erklärte ich unserer Englischprofessorin anhand des wenigen, das ich über ein uns zur Lektüre aufgetragenes Theaterstück wusste, dass ich es einfach zu langweilig und die im Stück erzählte Liebesgeschichte viel zu kitschig gefunden hätte, um nach ein paar Seiten weiter zu lesen. »Für so etwas habe ich schlicht keine Zeit. Da mache ich das, was dort steht, doch viel lieber selbst«, sagte ich. Obwohl sie davor alle anderen, die es nicht gelesen hatten, mit einem

»Nicht genügend« abgestraft hatte, antwortete sie mir mit einem Lachen. »Du hast recht, Stefan«, sagte sie. »Das Stück ist wirklich mies.« Auf das »Nicht genügend« verzichtete sie.

In dieser Zeit fing ich auch zu rauchen an, denn wer damals zur coolen Avantgarde der Schule gehören wollte, der hatte sich bei den Rauchern im Raucherhof einzufinden. Die Pausen zwischen den Unterrichtsstunden bedeuteten für mich beinahe schon Strapazen, weil ich längst mit der halben Schule bekannt war, und mit jedem Schüler, dessen Wege ich in den Gängen kreuzte, ein paar Worte wechselte. Ich veränderte mich auch äußerlich. Eben war ich noch blass, etwas pummelig und total out gekleidet gewesen, doch jetzt war ich schlank, sonnengebräunt und achtete sorgfältig auf mein optisches Erscheinen.

Am Ende war ich der Klassensprecher und schaffte die Matura locker im ersten Anlauf. Das bestätigte mich neuerlich in meinen jungenhaften Vorstellungen vom Politikerdasein. Der Weg zu meinem Traumberuf, den es bisher nur in meiner Phantasie gegeben hatte, schien sich vor mir aufzutun.

Haider und ich: Der Anfang

»Stefan«, sagte die Marketingverantwortliche zu mir, als ich gerade das Büro verlassen wollte, um mir einen Kaffee zu holen. »Machst du den Haider?«

Es war Dezember 2002 und die *Kleine Zeitung* organisierte wie jedes Jahr eine Sammelaktion im Rahmen der ORF-Spendeninitiative »Licht ins Dunkel«. Das Blatt hatte dafür einen Stand am Weihnachtsmarkt am Neuen Platz in Klagenfurt aufgebaut und bewarb die Aktion, indem sie Prominente dorthin einlud. Die kauften bei solchen Gelegenheiten Lose und warfen sie öffentlichkeitswirksam in eine Sammel-Urne aus Glas. Meine Aufgabe bestand darin, PR-Artikel über diese Begebenheiten zu schreiben.

Ich hatte nach dem Gymnasium im Herbst 1999 ein Publizistik-Studium begonnen, weil mir das Fach am nächsten an die Aufgaben des Generalsekretärs einer politischen Partei heranzureichen schien, und mir zudem einen Plan B ermöglichte: Wenn schon nicht Politik, dann wenigstens über Politik schreiben, als Journalist. Das Studium mit seinen rein theoretischen Zugängen nervte mich allerdings bald. Ich wollte Medien und Kommunikation machen, nicht darüber philosophieren. Daher besuchte ich neben meinem Studium auch eine Schauspielschule, um meine Sprache zu verbessern und meine lästige Sprachstörung endgültig loszuwerden. Meinen zwölfmonatigen Zivildienst in einem Altenpflegeheim hatte ich zwischen mein Studium eingeschoben und durch ein Ferialpraktikum nach der Matura war ich bei der *Kleinen Zeitung* gelandet. Über den Umweg als Mitarbeiter im Kundenservice-Center landete ich in der Marketing-Abteilung und durfte auch erste Artikel als freier Mitarbeiter für die Redaktion schreiben.

Ich war 22 Jahre alt und hatte, jeweils gemeinsam mit einem Fotografen, schon einige Termine beim Spendenstand absolviert, denn zweimal die Woche tauchten dort Prominente auf. Es waren auch schon Politiker darunter gewesen, etwa der Klagenfurter Bürgermeister Harald Scheucher und einige Landesräte. Ich hatte ihnen Fragen gestellt und mein Diktiergerät mitlaufen lassen. Dass jetzt Haider an der Reihe war, war keineswegs selbstverständlich. Denn die in der Steiermark und in Kärnten auflagenstarke *Kleine Zeitung* stand ihm sehr kritisch gegenüber. Ich war davon ausgegangen, dass ihn die Marketing-Abteilung gerade nach den jüngsten politischen Turbulenzen aus der Prominenten-Berichterstattung über die Aktion ausklammern würde. Denn Haider war zu diesem Zeitpunkt politisch so gut wie tot und von allen abgeschrieben.

Noch 1999 hatte er unaufhaltbar gewirkt. Er hatte bei der Nationalratswahl sagenhafte 27 Prozent geholt und die FPÖ von einer Kleinpartei zur zweitstärksten Partei Österreichs gemacht. Gegen den Widerstand des Bundespräsidenten und unter heftigen Protesten von Teilen der Bevölkerung, die mit ihren Demonstrationen jeden Donnerstag halb Wien lahmlegten, führte er die geächtete FPÖ in eine Regierungskoalition mit der ÖVP. Die internationale Empörung und die Proteste darüber gingen so weit, dass die EU Sanktionen gegen Österreich verhängte. Haider war am Cover von *Time-Magazine* und *Newsweek* mit Schlagzeilen wie »*Should Europe fear this man?*« und beschäftigte die Zeitungen und TV-Sender um den halben Globus.

Als Folge der internationalen Proteste und der verhängten Sanktionen verzichtete Haider und überließ den Posten des Kanzlers unter heftigem Wehklagen aus den eigenen Reihen dem damaligen ÖVP-Obmann Wolfgang Schüssel. Er zog sich auf seine Funktion als Kärntner Landeshauptmann zurück und gab auch die Funktion des FPÖ-Parteiobmannes an seine Mitstreiterin Susanne Riess-Passer ab, die auch Vizekanzlerin wurde.

Die Worte, die er bei der Amtsübergabe auf einem groß inszenierten FPÖ-Bundesparteitag mit brüchiger Stimme benutzte, wählte er mit Bedacht, doch in der allgemeinen öffentlichen Aufregung ging deren eigentlicher Sinn völlig unter. Haider verglich sich mit einem Bergführer, der kurz vor Erreichen des Gipfels an seine Bergkameraden übergibt. Er sagte:»Susanne, geh voran!« Er sagte nicht:»Susanne, geh allein!« Er machte damit klar, dass er keinesfalls vorhatte, ihr den Gipfel zu überlassen, wie alle annahmen, sondern dass er sie nur voran schickte, während er in Gipfelnähe das Vorüberziehen des politischen Sturms der Entrüstung abwarten wollte, um am Ende nachzukommen und selbst den Gipfel zu erklimmen.

Ich hatte dieses Geschehen zuhause vor dem Fernseher verfolgt und versucht, mir einen Reim auf Haiders Entscheidung, seine Beweggründe und seine dabei gezeigten Emotionen zu machen.»Haider will das eigentlich nicht. Er geht, weil er glaubt, es zu müssen. Haider ist aber kein Mann für die zweite Reihe. Das wird nicht funktionieren. Er wird da unten in Kärnten keine Ruhe geben«, hatte ich zu meinem Vater gesagt.

Tatsächlich sollte es so kommen: Haider betrieb von Kärnten aus Oppositionspolitik gegen die eigene Regierungsmannschaft in Wien und meldete sich ständig öffentlich mit immer härter werdender Kritik zu Wort. Er schoss permanent quer. So lange bis die Situation endgültig eskalierte. Bei einer Versammlung von FPÖ-Parteitagsdelegierten im steirischen Knittelfeld kam es zum offenen Bruch zwischen Haider und der Führungsmannschaft der FPÖ. Riess-Passer trat als Parteiobfrau und Vizekanzlerin zurück, der Finanzminister, Karl-Heinz Grasser, und FPÖ-Klubobmann Peter Westenthaler folgten ihr, worauf hin Schüssel die Gunst der Stunde nutzte und Neuwahlen ausrief. Bei diesen Neuwahlen Ende 2002 stürzte die FPÖ auf zehn Prozent ab und verlor damit gleich 17 Prozent ihrer Wähler. Haider hatte zerstört, was er selbst dreißig Jahre lang aufgebaut hatte. Er hatte das Aufeinanderprallen der Fronten bewusst zugelassen. Er, der Unbezwingbare, gegen den Rest der Welt.

Die Medien, die Öffentlichkeit und seine politischen Gegner hatten Haider deshalb wie gesagt abgeschrieben. Selbst in seiner einstigen Kärntner Hochburg feindeten ihn nun viele an. Auch meinem Vater, der seit 1968 Mitglied der FPÖ war, reichte es. Er trat wegen Haider aus der Partei aus. Auch ich war enttäuscht, zugleich versuchte ich, den Menschen hinter dem Politiker Haider zu verstehen und seine Psyche zu entschlüsseln.

In einem seiner Interviews in dieser Zeit waren mir seine blutunterlaufenen Augen aufgefallen. Sie sahen aus, als hätte er kurz davor geweint. Der spinnt nicht, dachte ich, als sogar mediale Spekulationen aufkamen, Haider könnte geisteskrank sein. Der ist einfach nur völlig aus dem Ruder gelaufen. Der ist verzweifelt, weil er seinen großen Moment verpasst und zu spät realisiert hat, dass er alles zerstört.

»Klar mache ich den Haider«, sagte ich zu meiner Vorgesetzten in der Marketing-Abteilung der *Kleinen Zeitung*.

Die schien meinen überraschten Blick bemerkt zu haben.

»Immerhin ist er noch unser Landeshauptmann«, sagte sie.

»Wann kommt er denn?«

Seit meiner Kindheit hatten die Medien und die anderen Parteien Abgesänge auf Haider angestimmt und seinen endgültigen Untergang kommen sehen, etwa nachdem er sich zu der

Aussage verstiegen hatte, dass es im Dritten Reich eine »ordentliche Beschäftigungspolitik« gegeben habe und in deren Folge er als Landeshauptmann zurücktreten musste. Doch immer wieder hatte er sich zurückgekämpft. So real und unabwendbar wie diesmal war Haiders politisches Ende aber noch nie erschienen. Doch eine Politik in Österreich ohne Jörg Haider war für mich unvorstellbar. Das konnte nicht sein. Das durfte nicht sein. »Er kommt wieder. Er ist noch jedes Mal zurückgekommen. Stärker als zuvor«, sagte ich bei vielen unserer Gespräche zu meinem Vater. Ich wollte Haider dabei helfen.

Trotzdem war meine Gewissheit, eines Tages FPÖ-Generalsekretär unter Jörg Haider zu sein, seit meiner Schulzeit nahezu geschwunden. Sie hatte unter den Sachzwängen meines Lebens gelitten, in dem Kindheitsträume nicht mehr so viel Platz hatten. Vielleicht traute ich mir auch die Verwirklichung meines Traumes noch immer nicht richtig zu, weshalb mein Plan B allmählich in den Vordergrund gerückt war. Ganz aufgegeben hatte ich meinen Traum aber nie. Jetzt, als ich begriff, dass ich Haider demnächst gegenüberstehen würde, kam etwas in mir in Bewegung. Ich musste an meine Zeit als Zivildiener im Altenpflegeheim denken, und an eine wesentliche Erkenntnis, die ich von dort mitgenommen hatte: dass das Leben ziemlich kurz ist, weshalb alles, das nicht mit der Verwirklichung meiner Träume zu tun hatte, Zeitverschwendung war.

Bis zu meinem Zivildienst, den ich in Neumarkt, ganz in der Nähe meines Heimatortes, absolvierte, hatte ich gedacht, alle Zeit der Welt zu haben. Als junger Mensch schien mir das Leben unendlich lang zu sein. Doch im Pflegeheim war ich mit Leid, Krankheit, Sterben und Tod konfrontiert gewesen. Das hatte etwas Schreckliches gehabt, zugleich hatte ich den Tod mit anderen Augen zu sehen gelernt, als Freund, der es in Wahrheit gut mit uns meint, und vor dem wir uns nicht zu fürchten brauchten.

Ich hatte davor noch nie jemanden leiden oder sterben gesehen, doch dieses Heim war eine der Endstationen des Lebens gewesen. Die Menschen dort hatten diesen Ort zu Fuß betreten und würden ihn im Sarg wieder verlassen. Es war ihnen bewusst und daher ließen die meisten das Ende auch nicht einfach auf sich zukommen, sondern bereiteten sich auf ihre letzte Reise vor. Ohne Furcht. Sie erzählten mir davon.

Ich hatte dort unter anderem gelernt, dass Menschen es spüren, wenn für sie die Zeit zu gehen gekommen ist. Nicht alle, aber all jene, die im Trubel des Lebens nicht verlernt hatten, die eigene innere Stimme zu hören. Ich hatte erlebt, wie Menschen, die eben noch recht rüstig gewesen waren, eine Woche, nachdem sie gemeint hatten, dass ihre Zeit gekommen sei, nicht mehr da waren. Für Putz- und Pflegedienste zuständig, hatte ich einmal eine 104 Jahre alte Frau, die sich jeden Tag ihre gewünschte, ganz spezielle Frisur machen und perfekt einkleiden ließ, gefragt, wie sie es geschafft hatte, so alt zu werden. »Ganz einfach«, hatte sie geantwortet. »Der liebe Gott hat auf mich vergessen.«

Ich hatte viele Gespräche mit den Senioren geführt, und einige dabei wiederkehrende Sätze waren bei mir hängengeblieben. Ach, ich möchte einmal noch so jung wie du sein. Du hast noch alles vor dir. Sei froh, gesund zu sein. Es ist so schön, jung zu sein. Das Leben vergeht so schnell. Genieß deine Jugend. Mach etwas aus dir. All das war mir unter die Haut gegangen, auch wenn ich vielleicht nur geahnt hatte, was diese alten Menschen offenbar mit Sicherheit gewusst hatten: Dass das Leben und die Gesundheit ein großes Geschenk waren, und alles nur einen Wimpernschlag lang dauerte.

Nach dem Gymnasium hatte ich einen Hang, in den Tag hineinzuleben, doch im Altenpflegeheim hatte ich mich an diese innere Gewissheit erinnert, die ich gespürt hatte, als mein Vater seinen Wunsch über die politische Zukunft eines seiner Söhne geäußert hatte. Der Kreis schließt sich, dachte ich jetzt, als mir klar wurde, dass meine erste richtige Begegnung mit Haider bevorstand. Wann würde ich je eine andere Gelegenheit bekommen, mit ihm persönlich zu reden? Wobei »persönlich« relativ war. Ich wusste, mir würden nur wenige Minuten bleiben.

Der Stand der *Kleinen Zeitung* am Klagenfurter Weihnachtsmarkt am Neuen Markt befand sich direkt vor dem Rathaus. Der Platz war fast menschenleer, als ich hinkam, und Weihnachtsstimmung hatte schon in den vergangenen Tagen nicht recht aufkommen wollen. Wegen des für die Jahreszeit untypisch warmen Wetters lag kein Schnee, dafür durchnässte ein unaufhörlicher Nieselregen jeden und alles. Die Rahmenbedingungen für mein Interview und meinen Versuch zu einer ernsthaften Kontaktaufnahme mit Haider hätten also besser sein können.

Ich lehnte mich an ein hölzernes, als Hauptpreis der Spendenaktion neben dem Stand aufgebautes Gartenhäuschen, und betrachtete den Lindwurm, der als Wahrzeichen der Stadt in der Mitte des Neuen Platzes stand. Da sah ich zwei einsame Gestalten auf mich zu wandern. Der eine trug einen schwarzen Mantel, hatte den Kragen hoch geschlagen und die Hände in den Taschen vergraben. Der andere ging hinter ihm und hielt einen schwarzen Schirm über ihn. Ich sah auf die Uhr. Haider und sein Sekretär waren fast pünktlich.

»Er kommt«, sagte ich nervös zum Photographen und zupfte an meinem Hemd. Möglichst professionell zu wirken war mir umso wichtiger, als mich Haider vielleicht wegen meiner Jugend als Interviewer nicht ernst nehmen würde. Ich hatte mir vorgenommen, etwas Besonderes zu ihm zu sagen, etwas, das zwangsläufig seine Aufmerksamkeit erregen musste, aber bisher war mir nichts Passendes eingefallen. Jetzt drängte schon die Zeit. Denn mit schnellen Schritten überquerten die beiden den Platz und näherten sich dem Stand. Einmal atmete ich noch durch, dann trat ich ihnen entgegen. »*Kleine Zeitung*. Grüß Gott«, sagte ich.

Haider streckte mir die Hand entgegen. Das Interview ging unverzüglich los. Meine Fragen waren einfach und er beantwortete sie routiniert. Was halten Sie von der Aktion der *Kleinen Zeitung*? Zum wievielten Mal sind Sie heuer hier? Was würden Sie mit dem Hauptgewinn machen? Und so weiter.

Von Anfang an redete Haiders Sekretär störend dazwischen und drängte zur Eile. Sie müssten gleich weiter, sagte er. Ich wurde nervös. Auf einmal waren wir schon bei den Fotos, die immer den Abschluss dieser kleinen Interviews bildeten.

Die spärlichen Gäste des Weihnachtsmarktes waren inzwischen auf Haider aufmerksam geworden, und ein paar von ihnen versammelten sich um ihn. Ich bewunderte ihn ein bisschen dafür, dass er es sich auch in dieser für ihn zweifellos schweren Zeit nicht nehmen ließ, ein paar Worte mit potenziellen Wählern zu wechseln. Ich beobachtete, dass der Sekretär die Kontaktdaten einiger der Menschen, mit denen Haider sprach, aufnahm.

Der Sekretär wurde immer ungehaltener, klopfte Haider von hinten im Minutentakt auf die Schulter und deutete auf seine Uhr. »Wir müssen weiter, Herr Landeshauptmann«, sagte er schließlich ultimativ. Ich wusste, mir blieben nun nur noch wenige Augenblicke und ich musste unverzüglich handeln. Tu was jetzt. Egal was, dachte ich. In einem kurzen Moment zwischen zwei seiner Gespräche mit Marktbesuchern packte ich Haider einfach an der Schulter und nahm in etwas zur Seite. »Ich wollte Ihnen nur sagen, Herr Landeshauptmann, dass Sie sich wegen des Artikels keine Sorgen machen müssen. Es wird alles passen. Ich bin ja einer von euch.«

Ich wusste, dass ich eben eine massive journalistische Grenzüberschreitung begangen hatte. Deswegen hatte ich ihn auch zur Seite genommen, damit niemand Dritter uns hören konnte. Ich setzte aber darauf, dass er diese Art der Grenzüberschreitung ausgerechnet von einem Schreiber der *Kleinen Zeitung* am wenigsten erwartet hätte, und eine bessere Idee hatte ich einfach nicht gehabt.

Haider sah mich überrascht an. »Woher kommst du?«, fragte er.

Es klappt, dachte ich. »Vielleicht kennen Sie meinen Vater«, sagte ich. »Er ist Gemeinderat und Ortsparteiobmann in der Steiermark. Ich bin aus Laßnitz bei Murau.«

»Wie heißt dein Vater?«

»Petzner.«

»Ah, der Hubert«, sagte er. »Ja, den kenn ich.«

Ich war fassungslos. Ich hatte schon von Haiders phänomenalem Personengedächtnis gehört, es aber noch nie erlebt.

Haiders Sekretär drängte jetzt endgültig auf sofortigen Aufbruch. Vielleicht ahnte der Typ, dass ich in seinem Job gut wäre und ihn auch übernehmen würde, dachte ich.

»Hast du eine Telefonnummer?«, sagte Haider. »Vielleicht sieht man sich wieder einmal.«

Ich wertete es als gutes Zeichen, dass Haider die Aufnahme meiner Daten nicht seinem Sekretär überließ. Er notierte meine Nummer mit einer Füllfeder auf einen kleinen Zettel, steckte den Zettel in seine Manteltasche, verabschiedete sich mit einem Händedruck und ging mit seinem Sekretär davon.

Ich blieb zufrieden stehen und sah den beiden nach, wie sie im Nieselregen verschwanden. Mehr hatte ich nicht erreichen können, dachte ich. Alles Weitere lag nicht mehr in meinen Händen.

Nach meiner anfänglichen Euphorie wurde mir aber schnell klar, dass die Wahrscheinlichkeit, von Haider zu hören, denkbar gering war. Ich glaubte aber noch immer an das Schicksal. Wenn es mein Schicksal wollte, dass ich eine politische Tätigkeit im Umfeld Haiders ausführte, würde es diese Gelegenheit benutzen, dachte ich.

Inzwischen ging ich wieder in meinem Alltag auf. Ich war an der Uni, in der *Kleinen Zeitung* oder fuhr in meinem rostigen Toyota Corolla zu Freunden. Als ich wenige Tage nach meiner Begegnung mit Haider gerade die Villacher Straße in Klagenfurt entlangfuhr, kam ein Anruf mit unterdrückter Nummer. »Servus, da ist der Jörg«, sagte Haider. »Wie geht's? Was machst du?« Der Landeshauptmann wirkte völlig entspannt und begrüßte mich locker.

Das überrumpelte mich, zumal ich im Grunde nicht ernsthaft damit gerechnet hatte, dass er wirklich anrufen würde. Schon gar nicht er persönlich. Ich versuchte mir nichts anmerken zu lassen und auf seinen Ton einzusteigen. »Mir geht's gut. Ich fahre gerade zur Uni, weil ich eine Vorlesung habe. Wie geht's dir?« Ich wählte bewusst das Du, während ich ihn bei unserer Begegnung am Neuen Platz noch mit »Herr Landeshauptmann« angesprochen hatte.

Haider antwortete auf meine Gegenfrage mit nur einem Wort. »Gut«, sagte er, um gleich darauf wieder selbst die Fragen zu stellen. Was ich studiere, wie mir die Universität in Klagenfurt gefalle, welchen Job ich genau bei der *Kleinen Zeitung* hätte. Das Gespräch bestand nur aus seinen Fragen und meinen Antworten. Nach fünf Minuten war es auch schon wieder vorbei. »Ich muss weiter«, sagte Haider. »Vielleicht hören wir uns wieder einmal.« Das klang für mich nicht unbedingt gut, es war aber besser als nichts.

Ich ging das Telefonat gedanklich immer wieder durch. Wort für Wort. Ich fragte mich, welchen Eindruck ich wohl bei ihm hinterlassen hatte und was ich beim nächsten Mal anders oder besser machen könnte. Sofern es überhaupt ein nächstes Mal gab.

Haider meldete sich tatsächlich kurz darauf wieder. Wieder beschränkte er sich darauf, Fragen zu stellen und mir zuzuhören. Wegen seiner Einsilbigkeit versuchte ich umso lebhafter und spannender zu erzählen, obwohl mein Leben und mein Alltag nicht viel hergaben. Vor allem bemühte ich mich, keine Gesprächspausen entstehen zu lassen. Mein einziges Ziel war, den Kontakt aufrecht zu erhalten, und dabei war ich von meiner Wirkung auf ihn abhängig. Denn Haider rief auch weiterhin mit unterdrückter Nummer an. Ich konnte ihn nicht erreichen. Er behielt die Kontrolle und bestimmte die Regeln.

In den Tagen zwischen den Anrufen behielt ich mein Handy immer im Auge, selbst an der Uni, aus Angst, seinen nächsten Anruf zu verpassen, und bei jedem nächsten fürchtete ich, es könnte der letzte gewesen sein. Meinem Selbstvertrauen tat dieser Kontakt trotzdem gut. Manchmal saß ich im Hörsaal und dachte: Wenn ihr wüsstet. Als kleiner Student mit einem unbedeutenden Nebenjob habe ich es geschafft, einen Draht zum bekanntesten Politiker des Landes zu finden. Zu Jörg Haider.

Politische Themen klammerte ich bei unseren Telefonaten bewusst aus. Nach Jahrzehnten als Geächteter hatte es Haider endlich geschafft gehabt, und nun stand er vor den Trümmern seiner politischen Existenz. Was sollte ein Student wie ich mit ihm über Politik sprechen? Was könnte ich dazu beitragen, das ihn in seiner schwierigen politischen Lage helfen könnte? Wozu in seinen Wunden wühlen? Das machten ohnehin alle anderen.

Wenn ich den Politiker Jörg Haider wirklich erreichen wollte, musste ich zuerst den Menschen Jörg Haider für mich gewinnen. Deshalb sprach ich diesen privaten Menschen auch an, und mit dem wenigen, das er von sich preisgab, versuchte ich meine offenen Fragen über ihn zu beantworten. Wie tickte der Mensch Haider wirklich?

Er war verschlossen und misstrauisch, so viel stand fest. Das musste mit seiner aktuellen Situation zu tun haben. Er hatte zweifellos genügend Menschen erlebt, die nur den Kontakt zu ihm gesucht hatten, weil sie auf einen Posten, auf Macht und den einfachen, schnellen Erfolg aus gewesen waren. Menschen, denen er vielleicht gegeben hatte, was sie von ihm wollten, vielleicht auch nicht, und von denen ihn zweifellos viele verraten und ihm Stich gelassen hatten. Ich vermutete, dass er sich alleine fühlte und in Wahrheit nur eines suchte: Einen wahren, einen echten Freund. Denn echte Freundschaft, das gab es in der Politik nicht.

Umso mehr bemühte ich mich, ihm genau das zu geben. Freundschaft ohne Erwartungen. Ohne Forderungen. Ohne Gegenleistung. Ein Gegenüber, mit dem er einfach nur reden konnte, und sei es über banale Dinge. Ein Gegenüber mit dem er unbeschwert lachen konnte, und sei es über kindische Kleinigkeiten. Jemanden aus einer Art von Leben, die ihm selbst seit langem verwehrt war. Mein langfristiges Ziel blieb der Sprung in die Politik, aber ich ahnte, dass es dafür vor allem eines brauchte: sein uneingeschränktes Vertrauen.

Wochen und Monate vergingen. Erst nach mehr als einem halben Jahr hatte ich zum ersten Mal das Gefühl, dass Haider tatsächlich langsam so etwas wie Vertrauen zu mir entwickelte. »Ich habe heute ein bisschen Stress«, sagte er an diesem Tag zu mir. »Sehr viele Termine. Ich fahre gerade von Villach zurück in die Landesregierung. Dort habe ich eine Sitzung und muss dann noch weiter zu einer Veranstaltung. Ich bin dafür zwar eigentlich schon viel zu müde, aber ich muss dort hin. Ich habe es versprochen.«

In einem anderen Umfeld wäre vielleicht auch das noch als Smalltalk durchgegangen, aber ich spürte, dass sich Haider öffnete, und dass er es bewusst tat. Der starke Landeshauptmann und Landesvater, bei dem sich die Menschen anlehnen konnten, der sich um ihre Probleme kümmerte und sich an jeden erinnerte, redete über Müdigkeit. Für einen Menschen wie Haider, der wahrscheinlich glaubte, nie Schwäche zeigen zu dürfen, weil er gewissen Erwartungshaltungen zu entsprechen hatte, musste das ein gewagter Schritt sein.

»Heute am Nachmittag habe ich die Firma Jacques Lemans besichtigt«, sagte er ein anderes Mal zu mir. »Sagt dir das etwas?«

Ich kannte das Unternehmen, das mit einem Werk in St. Veit Uhren herstellte.

»Es hat mir gefallen«, sagte Haider. »Ich sammle Uhren, vielleicht weißt du das ja.«

Ich wusste es tatsächlich aus den vielen Haider-Porträts, die ich gelesen hatte. Er sammelte Uhren und hatte eine Leidenschaft für Füllfedern. »Treffen wir uns wieder einmal?«, fragte er.

Wir vereinbarten, dass sich seine Sekretärin bei mir melden würde. Es ging also um einen offiziellen Termin, voraussichtlich bei ihm im Büro. Ich war gespannt.

Haiders Sekretärin meldete sich, als ich gerade in einer Psychologie-Vorlesung saß. Es ging im Fach »Spezielle Neurosenlehre« um Narzissmus. Wegen der seltsamen Vorwahl ahnte ich schon, wer dran war, und eilte aus dem Hörsaal. »Christine Kogler, Büro Landeshauptmann Haider.« Die Frau klang sehr freundlich. »Sie wissen vielleicht Bescheid«, sagte sie. »Ich soll mit Ihnen einen Termin ausmachen. Wann hätten Sie denn Zeit?«

»Immer«, sagte ich. »Ich bin Student. Ich kann mir das einteilen und richte mich ganz nach dem Herrn Landeshauptmann.«

»Mittwoch, 14 Uhr?«, fragte Frau Kogler.

Mein Kleidungsstil war der eines Studenten, und so fand sich in meinem Schrank kein Anzug. Da ich auch diesmal möglichst seriös wirken wollte, zog ich zu Jeans einen grauen Pullover und darüber mein einziges Sakko an. So betrat ich das von außen klobige und schmucklose Gebäude der Kärntner Landesregierung. Durch ein schweres Tor trat ich ein und orientierte mich an einer Tafel. Regierungsmitglieder – 1. Stock.

Ich ging die Steintreppe hinauf. Der Landeshauptmanntrakt lag oben links. Eine in weißem Metall gerahmte Glastür trennte diesen Bereich vom Stiegenhaus. Ich bemerkte, dass rechts neben der Glastür ein Kamera-Auge montiert war. Darüber hing ein goldenes Schild mit schwarzer Gravur. »Landeshauptmann Dr. Jörg Haider« stand darauf.

Obwohl ich wegen der Kamera nicht sicher war, ob sich die Türe von außen öffnen ließ, versuchte ich es. Ich hörte das Türschloss knacken. Sie ließ sich öffnen. Zögernd trat ich in den

Empfangsbereich. Kleine, runde Tischchen mit Tischplatten aus weißem Stein und kleinen schwarz lackierten Holzstühle standen dort. Rechts vom Empfangsbereich befand sich eine weitere Tür aus Milchglas. »Büro Landeshauptmann Dr. Jörg Haider« stand auf dem Türschild. Hinter dieser Türe musste er also sein. Ich wagte nicht zu klopfen, sondern entschied mich, im Empfangsbereich zu warten. Schließlich war ich vorsichtshalber 15 Minuten zu früh gekommen. Ich war der einzige Wartende.

Frau Kogler hatte am Telefon noch gemeint, dass sie sich melden würde, sollte dem Landeshauptmann etwas dazwischen kommen, weshalb ich auch nach einer halben Stunde ruhig blieb. Ich nützte die Zeit, um mich etwas umzusehen. Der prunkvolle Spiegelsaal, der offizielle Festsaal der Landesregierung, passte nicht zur kargen Fassade des Gebäudes, fand ich.

Gerade als ich den Spiegelsaal verließ und wieder im Gang des Empfangsbereiches stand, öffnete sich die Glastür, und federnden Schrittes kam Haider auf mich zu. »Entschuldige, dass du warten musstest«, sagte er. »Komm mit.«

Wider Erwarten befand sich hinter der Milchglastür nicht das Büro des Landeshauptmannes, sondern ein Vorraum in dem hinter einem Tresen zwei Sekretärinnen saßen. Haider lotste mich weiter in sein Büro, das sich links dieses Vorraumes hinter einer schweren, bräunlichen Polstertür befand. Es war nicht sehr groß und bis auf die Fahnen Kärntens und Österreichs nicht beeindruckend. Es wirkte vielmehr schrecklich altmodisch. Ein Teil des Raumes war mit Holz vertäfelt, wie es in den Siebzigerjahren Mode gewesen war. Vor einer kleinen Bücherwand stand ein Glastisch, der Haider offenbar als Schreibtisch diente.

Er bot mir einen Platz in einem der Ledersessel an, die rund um einen Besprechungstisch standen. Wir plauderten. Es ging um nichts Politisches, wie ich es wegen des diesmal offiziellen Termins insgeheim erhofft hatte, sondern es war wieder zwangloser Small Talk. Als einmal Stille aufzukommen drohte, erkundigte ich mich nach den Gemälden an den Wänden. Haider erklärte mir daraufhin jedes einzelne genau. Er erzählte über das Bild und über den Künstler, der es gemalt hatte. Es waren lauter Werke von Kärntner Künstlern, etwa von Werner Berg mit einem Motiv des Großglockners. Nur ein Bild fiel aus der Reihe. Es war ein abstraktes Gemälde, in rot-orangen Tönen. Ich stand auf, ging hin und strich mit meinen Fingern vorsichtig über die raue Oberfläche des Bildes. »Was ist das für ein Material?«, fragte ich.

»Das ist libyscher Wüstensand«, sagte Haider. »Ich habe das Bild von einem libyschen Künstler geschenkt bekommen. Du weißt vielleicht, dass ich einen Faible für Libyen habe.«

Ich nickte.

Nach vierzig Minuten war das Treffen vorbei. Haider erhob sich, ging zu seinem Schreibtisch und kam mit einer Schachtel aus Holz zurück. Etwas verwundert nahm ich sie entgegen, als er sie mir reichte. Sie enthielt eine Jacques Lemans-Uhr. »Als kleines Dankeschön«, sagte er. »Dafür, dass du immer da bist und ich jemanden habe, mit dem ich einfach nur reden kann. Das ist schön, wenn man beruflich im Dauereinsatz ist und jeder dauernd etwas von einem will.«

Ich bedankte mich und verschwieg ihm, dass ich selten Uhren trug, weil ich Armbanduhren nicht besonders mochte. Dennoch freute ich mich über die Geste. Es erschien mir alles genauso, wie ich es mir immer in meinem Kindheitstraum vorgestellt hatte, und trotzdem ganz anders.

Ein politischer Lehrling

Es verging etwa ein Jahr, in dem unsere Gespräche auf der persönlichen Ebene blieben. Eines Tages läutete mein Handy und ich sah eine Nummer am Display, die ich nicht kannte. Als ich abhob und sich der Anrufer meldete, wusste ich, dass ich gerade in einer mir wichtigen Sache einen Fortschritt erzielt hatte. Es war Haider, und er tat so, als wäre nichts. Doch ich kannte ihn inzwischen gut genug, um zu wissen, dass es Absicht war. Solche Dinge passierten ihm nicht einfach. Wenn er jemanden mit offener Nummer anrief, dann wollte er, dass dieser jemand, in dem Fall ich, seine Nummer hatte. Ich registrierte, dass er, nachdem er sich schon in den vergangenen Monaten mehr und mehr geöffnet hatte, nun einen weiteren Teil der Kontrolle aufgab. Auch ich verlor kein Wort darüber, und danach rief er wieder ausschließlich mit verborgener Nummer an, aber nun hatte ich sie, die Handynummer des Landeshauptmannes. Ich empfand das als unerhörten Vertrauensbeweis und hütete die Nummer wie ein Staatsgeheimnis. Ich sah es sogar als Prüfung. Würde seine persönliche Nummer, über die nur der engste Kreis seiner politischen Weggefährten und Mitarbeiter sowie sein engstes privates Umfeld verfügte, nun in fremde Hände gelangen, würde er das wohl als Vertrauensbruch und Zeichen für meine Unzuverlässigkeit werten. Ich hatte deshalb Angst, dass es ohne mein Zutun passieren könnte, etwa wenn jemand das Handy stahl und Haiders Nummer darin entdeckte. Deshalb ließ ich seinen Familiennamen beim Speichern weg und aus »Jörg« machte ich »Björn«, weil darin die ersten drei Buchstaben seines Namens erhalten blieben.

Wir trafen uns nun öfter. Er lud mich zu sich nach Hause in sein Klagenfurter Haus ein oder besuchte mich im Studentenheim. Der Landeshauptmann, der in einem Studentenheim, in dem ständig Betrieb herrscht, unerwartet um die Ecke biegt oder überraschend einfach zur Tür herein kommt? Das erschien mir ziemlich schräg. Doch Haider schien damit nicht das geringste Problem zu haben. Berührungsängste kannte er nicht. Er gehörte zu den Menschen, die Jugend mit der Leichtigkeit des Seins gleichsetzten, und einen Hauch dieses Lebensgefühls wollte er sich durch diese Besuche bei mir wohl mitnehmen. Er kam immer dann, wenn der permanente politische und öffentliche Druck gerade an seine Belastbarkeitsgrenze ging und er eine kurze Auszeit brauchen konnte. Dann saß er nicht als Landeshauptmann, sondern einfach als Mensch eine halbe oder eine ganze Stunde bei mir und nahm Anteil an meinem Studentenleben, das tatsächlich unbeschwert war. Er hörte sich meine Geschichten an, lachte, scherzte, rastete und erzählte, um dann wieder seiner Wege als Landeshauptmann zu gehen.

Gleichzeitig versuchte ich, mein politisches Können zu beweisen. Als im Mai 2003, wie alle zwei Jahre, die Hochschülerschaftswahlen anstanden, sprach mich Sabine Lofer, die Vorsitzende des Rings freiheitlicher Studenten, kurz RFS, an der Klagenfurter Uni an. Zufall war das keiner. Die Uni war relativ klein und das Klima war so familiär, dass durch ihre Lage am Wörthersee schon einmal Studenten in Badehosen vom See in den Hörsaal spazierten. Umso schneller sprach sich herum, dass es einen Studenten gab, den Haider gut kannte und den er auch immer wieder im Studentenheim gegenüber der Universität besuchte. Sogar Gerüchte, Haider hätte einen Sohn, der an der Klagenfurter Uni studierte, machten die Runde. Lofer, eine Studentin der Betriebswirtschaft mit langen blonden Haaren, setzte sich zu mir, als ich in der Aula gerade eine Zigarette rauchte. »Ich habe gehört, dass du Haider gut kennst«, sagte sie, nachdem sie sich vorgestellt hatte. »Hast du schon einmal darüber nachgedacht, auf unserer Liste für die ÖH-Wahl zu kandidieren?«

»Ich studiere Publizistik und arbeite bei der *Kleinen Zeitung*«, sagte ich. »Da kann ich nicht Kandidat bei einer Wahl sein.«

Eine Kandidatur bei einer unbedeutenden und jedenfalls chancenlosen Vorfeldorganisation der FPÖ war es mir nicht wert, meinen Job, der sich gerade gut entwickelte, zu riskieren. Doch Lofer ließ nicht locker, weshalb ich leicht genervt zusagte, noch einmal darüber nachzudenken. Ihr Angebot ließ mir in den folgenden Tagen tatsächlich keine Ruhe. Ein politischer Anfang könnte es für mich trotz der nicht gerade perfekten Rahmenbedingungen allemal werden, dachte ich. Schließlich hatte ich die Idee, als parteifreier und unabhängiger Kandidat anzutreten. Sollte mich jemand von der *Kleinen Zeitung* darauf ansprechen, würde ich genau darauf verweisen können.

Bei der nächsten Sitzung des RFS war ich bereits dabei. Mehr als zwei Stunden lang besprachen ein paar Studenten unter der Leitung Lofers im Hinterzimmer eines Cafés den Wahlkampf. Ich war mit meiner Skepsis nicht allein. Auch die meisten anderen agierten vorsichtig und zurückhaltend. Niemand brannte für die Sache. Als politischen Menschen schmerzte mich diese Gleichgültigkeit. Deshalb entschloss ich mich, auf mein Herz zu hören, und die Organisation des Wahlkampfes selbst zu übernehmen. Wenn ich schon kandidiere, dachte ich, will ich auch gewinnen. Ich hoffte, dass das eher geringe öffentliche Interesse an der ÖH-Wahl mich schützen würde. Würde mich die *Kleine Zeitung* trotzdem feuern, dann war es eben so, dachte ich.

Ich fand einen Mitstreiter, dessen Interesse an einem Wahlerfolg des RFS gleich groß war wie meines, wenn auch aus anderen

Gründen. Er hieß Kai Mauch, studierte Betriebswirtschaft und finanzierte sich sein Studenten-Leben als Veranstalter von Partys. An der Uni fanden regelmäßig große Studenten-Partys statt, die ein lukratives Geschäft für ihn gewesen wären. Doch eine Genehmigung dafür erteilte der Rektor nur den politischen Fraktionen, die ein Mandat in der ÖH-Studentenvertretung hatten.

Um unser gemeinsames Ziel zu erreichen, putschten wir uns als Erstes im Kärntner RFS an die Spitze. Kai schlug mich als neuen Obmann vor. Ich bekam die nötigen Stimmen, und konnte von nun an einen Wahlkampf nach meinen Vorstellungen führen.

Der RFS hatte in Klagenfurt seit Jahrzehnten kein Mandat mehr innegehabt und existierte praktisch nicht mehr. Selbst die Landespartei nahm den Studentenverein nicht sonderlich ernst. Was sich auch im Wahlkampfbudget ausdrückte, das sie zur Verfügung stellte. Es waren gerade einmal 3.000 Euro. Ich sah das positiv. Wenigstens lastete so kein Erwartungsdruck auf mir. Bis auf den, den ich mir selber machte. Ich wollte wieder ein Mandat für den RFS holen, indem ich Haiders politische Strategien in der geschützten Werkstätte eines Studentenwahlkampfes anzuwenden versuchte.

Das Hauptproblem war das schlechte Image des RFS. Er galt als weit rechts. Außer Burschenschaftern und Nazis sei dort niemand anzutreffen, so die Meinung der Studierenden, sofern sie überhaupt eine Meinung über ihn hatten. Ich musste den RFS als erste Maßnahme also aus diesem Eck holen und ihn gemäß Haiders Ideen für die FPÖ jung und modern präsentieren, als engagierte Truppe, die Service-Politik statt Ideologie anbot. Bloß wie?

Zum ersten Mal in meinem Leben setzte ich eine meiner politischen Ideen in die Praxis um und inszenierte sie so gut ich konnte. Ich verpasste dem RFS ein neues Logo, sprach ein Aufnahmeverbot für Burschenschafter aus und verbreitete diese Nachricht via Newsletter an alle Studenten, deren Mail-Adressen ich auftreiben konnte. Das war schon einmal gut, denn die Maßnahme sorgte für Gesprächsstoff und diente damit dem ihr zugedachten Zweck. Zudem nützte mir nun tatsächlich mein Kontakt zu Haider. Ich bekam Gelegenheit, ihn in meinen RFS-Wahlkampf einzubinden. Es wurde der erste Auftritt, den ich für ihn organisierte. Politik war zwischen Haider und mir bisher höchstens ganz am Rande Thema gewesen. Selbst dass ich jetzt für den RFS tätig war, erwähnte ich nur in einem Nebensatz. »Ist okay«, war alles, das er dazu sagte. Doch ich informierte mich nach wie vor über alle politischen Entwicklungen, zumal über jene in der FPÖ, und wusste, dass Haider ein Buch über seine Besuche beim irakischen Diktator Saddam Hussein geschrieben hatte.

Haider war insgesamt dreimal in den Irak gereist und hatte als Zweck der international umstrittenen Aktionen die Umsetzung humanitärer, wirtschaftlicher und politischer Anliegen genannt. Die Bilder des irakischen Staatsfernsehens, die zeigten, wie Haider dem von der Weltgemeinschaft geächteten Saddam Hussein die Hand schüttelte und ihm »die Grüße des österreichischen Volkes« überbrachte, gingen um die Welt und sorgten für einen innenpolitischen Eklat. Die Präsentationen seines Buches über die Reisen standen jetzt an, und ich fragte mich, warum nicht auch eine bei uns an der Universität stattfand.

Mir war klar, dass aus Sicht der FPÖ die Universitäten Feindesland waren. Denn alle österreichischen Unis standen von den Professoren bis zu den Studenten eher links. Die FPÖ mied sie deshalb nach Möglichkeit. Sie hatte dort nichts zu gewinnen. Die Universität Klagenfurt ging ihrerseits möglichst auf Distanz zu

Haider und trachtete, den Dialog mit dem Landeshauptmann auf das Nötigste zu beschränken.

Ich wollte die Veranstaltung trotzdem. Haider polarisierte und zog damit Aufmerksamkeit auf sich. Wieso sollte das nicht auch an der Uni funktionieren? Eine interessierte, wenn auch schweigende Minderheit von Haider-Befürwortern müsste es geben, dachte ich, und wahrscheinlich waren die Freiheitlichen auch nicht für alle anderen Unberührbare. Einige würden allein schon deshalb kommen, um Haider einmal aus nächster Nähe zu sehen, und ein paar Kritiker und Gegner würden sich einfinden, um ihm die Stirn zu bieten. Insgesamt müsste das reichen, dachte ich.

»Du hast doch ein Buch geschrieben«, sagte ich bei unserem nächsten Telefonat zu Haider. »Warum präsentieren wir das nicht an der Uni?«

»Meinst du wirklich?«, fragte er. »Funktioniert das?«

Ich schob meine eigenen Zweifel beiseite. »Du wirst sehen, es funktioniert. Du brauchst dich um nichts zu kümmern. Du kommst einfach vorbei, stellst dein Buch vor, und hinterher diskutierst du ein bisschen mit den Studenten. Ich sorge dafür, dass das Haus voll ist.«

Er klang wenig überzeugt. »Du kennst die Uni besser als ich«, sagte er. »Wenn du meinst, mache ich es. Mein Büro meldet sich bei dir.«

Mir war klar, dass zumindest in dieser Sache jetzt doch einiger Erwartungsdruck auf mir lastete.

Ich bekam mit, dass Haiders Büro die Idee denkbar schlecht fand. Seine Berater versuchten, sie ihm auszureden und warnten sogar vor Tumulten und einem Skandal. Vor den in Kärnten bevorstehenden Landtagswahlen wollte das niemand riskieren.

Doch Haider blieb bei seiner Zusage und sein Büro gab mir einen Veranstaltungstermin für Anfang April. Damit ging ich zum Rektor, dessen Genehmigung ich brauchte. »Es ist ein politisches Sachbuch«, sagte ich. »Hinterher soll es eine Frage- und Diskussionsrunde geben.«

Der Rektor rang um Fassung. »Sie wissen, wie umstritten Haider und dieses Buch sind«, sagte er. »Niemand kann garantieren, dass es keine Ausschreitungen gibt. Denken Sie nur an den Sicherheitsaufwand. Und wer übernimmt die Verantwortung? Ich sicher nicht.«

Ich hatte mit dieser Reaktion gerechnet. »Das heißt, Sie wollen allen Ernstes dem Landeshauptmann dieses Bundeslandes den Zugang zu einer öffentlichen Bildungseinrichtung untersagen?«, fragte ich.

Nach einer Schrecksekunde schüttelte er den Kopf. »Wenn der Landeshauptmann das unbedingt will, kann und werde ich es ihm nicht verbieten. Wir sind ein offenes Haus. Aber ich habe Sie gewarnt. Sie tragen die alleinige Verantwortung.«

Kai Mauch und ich verloren keine Zeit. Mit einigen Helfern pflasterten wir noch in der folgenden Nacht die ganze Uni mit den Ankündigungen zu. *Der RFS präsentiert: ›Zu Gast bei Saddam - Im Reich des Bösen‹. Buchvorstellung mit Landeshauptmann Dr. Jörg Haider.*

Am nächsten Abend waren die meisten Plakate wieder weg oder lagen in Fetzen gerissen am Boden, aber weitere Proteste gab es keine. Niemand regte sich auf. Es blieb so ruhig, dass ich am Abend der Buchpräsentation nervös wurde. Besonders, als ein paar Besucher eintrudelten und gleich wieder gingen, weil sie nicht die Einzigen im Hörsaal sein wollten. »Meinst du, da kommt noch jemand?«, fragte ich Kai.

Er sah auf die Uhr. »Entspann dich. Das wird schon«, sagte er. »Es laufen noch ein paar Vorlesungen und die Leute kommen heutzutage immer knapper zu Veranstaltungen, keine Ahnung, warum.«

Die letzten zwanzig Minuten vor Veranstaltungsbeginn sperrte ich mich in einem Klo ein, wo ich mir Erklärungen für das Fiasko überlegte. Auf dem Weg zurück sah ich dann vier oder fünf Besucher in der Tür zum Hörsaal stehen. Doch noch ein paar versprengte Besucher, dachte ich. Ich drängte mich an ihnen vorbei in den Saal und traute meinen Augen nicht. Der Saal war zum Bersten voll. Kai grinste mich an. »Ich hab es dir ja gesagt.«

Innerlich machte ich Luftsprünge. Besonders, als klar wurde, dass wir auf Anraten der Sicherheitsleute den Hörsaal wechseln mussten, weil sich die Notausgänge so nicht mehr frei halten ließen. Obwohl das Reden vor Publikum mich nach wie vor einschüchterte, verkündete ich jetzt mit fester Stimme über Lautsprecher, dass wir wegen des großen Andrangs in den größten Hörsaal der Uni wechseln müssten. Ich habe meinen Teil erfüllt, dachte ich dabei. Jetzt ist Haider am Zug.

Sein Sekretär rief an und fragte, wo sie hinmüssten. Ich erwartete sie und hielt Haider die Tür auf. »Wir haben tausend Besucher und mussten kurzfristig in den größten Hörsaal wechseln«, sagte ich und war atemlos. »Wir können starten.«

Haider nahm das Mikrofon zur Hand und legte los, während eine ganze Entourage an Mitarbeitern und Aufpassern in der ersten Reihe Platz nahm. Doch weiterhin blieb alles ruhig. Am Ende bekam er sogar Applaus. In der Fragerunde ging es weniger um das Buch, als um sein gesamtes politisches Wirken. Er antwortete routiniert und erzielte sogar ein paar Lacher. Danach bedankte er sich und verwies auf den Ausklang mit Getränken und

Musik. Ein gute halbe Stunde lang mischte er sich noch unter die Studenten. Ehe er wieder aufbrach, bedankte er sich bei mir. Ich konnte sehen, dass er sich über den Abend freute. Ich freute mich auch. Ich hatte ihm gezeigt, was ich konnte.

Wir verfehlten das Mandat für den RFS zwar knapp um rund zwanzig Stimmen, aber ein paar Dinge ließen uns trotzdem wie Sieger aussehen. Bundesweit holte der RFS, der überall sonst bei seinem hart rechten Kurs geblieben war, gerade einmal 2,37 Prozent. In Kärnten schafften wir, obwohl wir den RFS praktisch neu gegründet hatten, 7,59 Prozent. Kai half das nicht, weil er nun trotz all seiner Mühe keine Unipartys veranstalten durfte, aber ich erreichte mein Ziel. Ich bekam einen Anruf aus der Parteizentrale.»Ich habe deine Nummer von Haider«, sagte ein Mann, dessen Stimme ich sofort erkannte.»Du machst an der Uni gute Sachen, habe ich gehört. Wir könnten dich im Landtags-Wahlkampf brauchen. Es geht um die Organisation des Jugendwahlkampfes.« Es war Gernot Rumpold, Haiders ebenso effizienter wie umstrittener Wahlkampfleiter.

Haider und ich kamen unterdessen an den Punkt, an dem Freunde einander prägende Ereignisse aus ihrem Leben erzählen. Eine Sache, oder besser ein Mensch, beschäftigte ihn besonders, ein junger Politiker, dessen Entdeckung und Förderung er als seine Leistung betrachtete, und der es in gleich zwei Parteien zum Finanzminister gebracht hatte: Karl Heinz Grasser.

Haider hatte die Gabe, politische Talente zu erkennen und für sich zu gewinnen, das wusste ich. Darauf setzte ich ja in gewisser Weise selbst. Er war immer auf der Suche nach Nachwuchsleuten, auch nach solchen, die noch einiges an Förderung nötig hatten. Ich wusste auch, dass dahinter nicht nur sein Verantwortungsbewusstsein gegenüber jüngeren Generationen, seine Aversion gegen alte Hofräte und die Zukunftsplanung für seine Partei standen, sondern auch machtstrategisches Kalkül. Menschen, denen er selbst eine Chance gab, würden ihm gegenüber loyaler sein, hoffte er, weil sie wussten, dass sie ohne ihn nie geworden wären, was immer sie wurden. Haider spekulierte mit ihrer Dankbarkeit und Loyalität.

Loyalität schien Haider von allen Qualifikationen, die ein Mensch in seiner Umgebung haben konnte, die wichtigste zu sein. Außerdem hoffte er, am Puls der Zeit zu bleiben, wenn er die jüngeren Generationen zu verstehen trachtete. Denn die Jugendkultur war vielschichtig und schnelllebig, und mit jungen Menschen um sich bekam er aus seiner eigenen Umgebung die besten Rückmeldungen darüber, wie junge Leute lebten, was sie fühlten, was sie wollten und wohin sich die Gesellschaft gerade entwickelte. Er mochte ihre Dynamik und ihre Wandelbarkeit, außerdem waren junge Menschen eher bereit, sich mit ihm für die Sache aufzuopfern.

Was »Förderung« in der Version Haider bedeutete, hatte ich allerdings auch schon mitbekommen. Er gab Menschen eine Chance, wenn er etwas in ihnen sah, aber diese Chance bestand im Wesentlichen in der Möglichkeit zu schwimmen oder zu ertrinken, wenn er sie ins kalte Wasser stieß.

Grasser fiel zweifellos in die Kategorie Schwimmer. Zu der Zeit, als Haider ihn für sich entdeckte, war er wie ich noch Student an der Klagenfurter Uni. Grasser hatte zwar von der Kärntner ÖVP ein zweites Angebot, aber Haider war schneller. So wurde Grasser zu jener Entdeckung Haiders, die es am weitesten bringen sollte, und offenbar auch zu der, von der er sich am schwersten enttäuscht fühlte. Haider erzählte mir, wie sehr er sich von Grasser verraten und verletzt fühlte, bitterer Weise gleich zweimal, und wie sehr er damit haderte, dass er ihm nach dem ersten Mal wieder vertraut hatte.

Beim ersten Mal war Grasser Haiders Stellvertreter als Landeshauptmann. Grasser, so Haiders Sicht der Angelegenheit, wollte hinter seinem Rücken einen Beschluss der Landesregierung herbeiführen, der weitreichende wirtschaftliche Auswirkungen gehabt hätte. Ein reicher Kärntner Industrieller hätte von der Erteilung einer Baugenehmigung profitiert, glaubte Haider, und ein Naturschutzgebiet wäre dafür in Mitleidenschaft gezogen worden. Grasser sah das anders und trat von seiner Funktion zurück, nachdem Haider von der Sache erfahren und den Beschluss blockiert hatte. Was für Haider an und für sich schon ein Fall unverzeihlicher Illoyalität war.

Grasser brachte es trotzdem danach noch als Teil der freiheitlichen Regierungsmannschaft zum Finanzminister. »Er hat mir einen Brief geschrieben und mir versichert, wie leid ihm alles täte«, sagte Haider zu mir, »deshalb haben wir uns versöhnt.« Dass er ihm beim Regierungseintritt der FPÖ im Jahr 2000 den Posten des Finanzministers angeboten hatte, war innerhalb der Partei auf heftigen Widerstand gestoßen, weil nicht alle Funktionäre so einfach über Grassers ersten Vertrauensbruch hinwegsehen wollten. Doch Haider hatte sich gegen die Zweifler durchgesetzt. Was er besser nicht getan hätte. Denn abermals fühlte er sich von Grasser hintergangen.

Als es zum Delegiertentreffen in Knittelfeld kam, nachdem Haider von Kärnten aus beharrlich seine eigenen Regierungsleute attackiert hatte, trat Grasser neuerlich zurück, und zwar als einer der ersten, um dann als Parteifreier zur ÖVP zu wechseln und wieder Finanzminister zu werden. Ich erinnerte mich noch daran, wie Haider die Sache in der Öffentlichkeit mit Humor abgetan und seinen ehemaligen Schüler flapsig als »moralischen Flachwurzler« bezeichnet hatte. Doch jetzt begriff ich, wie tief ihn diese Erlebnisse getroffen hatten. Er kämpfte mit seinen Emotionen, als er mir von Grasser erzählte. »Grasser ist für mich kein guter Mensch«, sagte er.

Eine andere große Sache war für ihn der Erwartungsdruck, mit dem ich selbst eben Bekanntschaft gemacht hatte, der in jeder Situation auf ihm lastete, und den er sich in Bezug auf seine Familie selbst aufbürdete. Haider war tatsächlich ein Familienmensch. Familie war bei ihm nicht bloß Teil der Fassade. Doch Familie verlangt Aufmerksamkeit, und dabei stand ihm seine politische Tätigkeit von Anfang an im Weg. Er war früh in die Politik eingetreten und Spitzenpolitiker geworden, noch ehe seine erste Tochter zur Welt gekommen war. Jetzt versuchte er, beharrlich und aus seiner Sicht zu oft vergeblich, sich trotz seines enormen Arbeitspensums genügend Freiräume für seine Familie zu schaffen.

So weit ich das beurteilen konnte, lief es innerhalb seiner Familie gut. Seine Frau hielt die Familie zusammen, und mit seinen Töchtern hatte er eine aufrechte, gute Beziehung. Trotzdem litt er unter einem ständigen schlechten Gewissen. Etwa dann, wenn seine Töchter in ihrem Umfeld seine Wirkung als Politiker negativ zu spüren bekamen. »Danke, dass ich dir so etwas Persönliches erzählen kann, ohne Angst haben zu müssen«, sagte Haider zu mir, als wir über dieses Thema sprachen. »Ich kenne das so nicht.«

Offenbar war es ihm nach den vielen Enttäuschungen, die er schon erlebt hatte, fast unheimlich, einem Menschen außerhalb seiner Familie zu vertrauen. Ich betrachtete es als eine Art Verpflichtung meinem Idol gegenüber an, ihn in diesem Vertrauen zu bestätigen. »Du wirst dich durch mich verändern, ohne dass du es merkst«, sagte ich zu ihm.

»Das spüre ich«, sagte er, »und ehrlich gesagt macht es mir etwas Angst.«

»Du musst keine Angst haben«, sagte ich. »Es wird gut sein.«

Als mich Gernot Rumpold anrief und mir am Ende seiner, mit ratternder Stimme vorgetragenen, Einladung den Termin einer Wahlkampfbesprechung in der Parteizentrale nannte, wusste ich, dass das nun meine Chance war, zu schwimmen oder zu ertrinken. Ich empfand den Anruf als Weichenstellung, und reagierte mit einem entsprechend breitem Spektrum an Gefühlen darauf. Es reichte von Entschlossenheit bis zu planloser Hektik.

Haiders politische Perspektiven waren zu diesem Zeitpunkt, gegen Ende des Jahres 2003, allerdings nach wie vor denkbar schlecht. Er hatte lange mit sich gerungen, ob er nach dem Fiasko auf Bundesebene überhaupt noch einmal als Landeshauptmann kandidieren sollte. Einigen Vertrauten war es schließlich gelungen, ihn davon zu überzeugen.

Haider hatte sich dafür sogar mit Gernot Rumpold, mit dem er sich zuvor entzweit hatte, in einer brüderlich durchzechten Nacht versöhnt und ihn als Wahlkampfleiter zurück an Bord geholt. Für die Partei war dieser Friedensschluss ein Zeichen der Stärke. Denn Rumpold hatte Haider seit Beginn der Achtzigerjahre bei dessen, zuerst scheinbar nicht enden wollenden, Siegeszug begleitet.

Für mich war Rumpold interessant, weil er machte, was ich auch einmal machen wollte. Er war der Mann im Hintergrund, der dafür sorgte, dass die Kampagnen-Maschinerie lief und dessen Arbeit mich schon als Kind faszinierte. Zwar wirkte er als Mensch mit eher groben Manieren nicht eben sympathisch, aber er hatte sich in der Vergangenheit als geschickter Wahlkampftechniker erwiesen.

Eine Woche nach jenem Telefonat mit ihm stand ich vor dem Sitzungssaal im Obergeschoss der freiheitlichen Parteizentrale, ein Moment, in dem ich eher zu Panik als zu Entschlossenheit neigte. Die Parteizentrale befand sich in unmittelbarer Nähe des Neuen Platzes mit dem Lindwurm und erstreckte sich über das Erdgeschoss und den ersten Stock. Zu den Bürozeiten konnte sie jeder, der wollte, wie einen Supermarkt durch eine automatische Glastür betreten. Eine Empfangsdame kümmerte sich um Bürger und ihre Fragen und Anliegen. Haider wollte keinen unzugänglichen Bunker der Macht als Parteizentrale, sondern eine offene Serviceeinrichtung.

Im Inneren verband eine gemauerte Wendeltreppe die beiden Bauteile, die, der Parteifarbe entsprechend, mit blauem Teppich ausgelegt waren. Ich musste vor der Tür zum Sitzungssaal warten. Ein Mann, bepackt mit Wahlkampf-T-Shirts und -Geschenken, kam heraus. Nach ihm war ich dran. Ich betrat den Raum. Die Luft war stickig. Die Runde hatte offenbar schon den ganzen Tag intensiv getüftelt und diskutiert. Das komplette Wahlkampfteam um Gernot Rumpold, inklusive dem aus Wien angereisten Wahlkampfspezialisten Herbert Kickl, hatte sich um einen rechteckigen Tisch in der Mitte des Raumes versammelt. Was sollte ich mit dieser Runde über Politik sprechen? Ich hatte das Gefühl, alles darüber zu wissen, und gleichzeitig, nichts.

Rumpold stellte mich kurz vor. »Das ist Stefan Petzner. Er kommt über Haider und hat für ihn schon ein paar gute Sachen an der Uni gemacht«, sagte er.

Übergangslos wandte er sich an mich. »Die Jugendorganisation der Kärntner FPÖ ist nicht zu gebrauchen«, sagte er. »Du machst daher den Jugendwahlkampf. Überleg dir ein Konzept. In zwei Wochen kommst du wieder und stellst es uns vor. Vorgaben hast du keine.«

Ich war noch nicht richtig angekommen und gar nicht zu Wort gekommen, als ich kapierte, dass mein Auftritt schon wieder vorbei war. Ich konnte wieder gehen und war dementsprechend verwirrt. So fühlte er sich also an, der Stoß ins kalte Wasser, dachte ich. »Eine Vorgabe hast du doch«, rief mir Rumpold nach, als ich schon an der Tür war. »Das Ganze soll *Next Generation* heißen.«

Ich nickte in Richtung der Tür und griff nach der Klinke. Und jetzt? Ich hatte schon gehört, dass es besonders schwierig war, in Haiders Teich zu schwimmen, was wohl mit ein Grund für die hohe Fluktuation unter seinen Mitarbeitern war. Soweit ich gehört hatte, wurde die Sache mit der Zeit auch nicht leichter.

An Haiders mangelnden Führungsqualitäten schien es nicht zu liegen. Dem Vernehmen nach blieb er im Job immer locker, freundlich und entspannt. Damit schien er Respekt zu gewinnen und ohne Drohung und Angst bei seinen Mitarbeitern Höchstleistungen abzurufen. Doch »Höchstleistungen« waren bei ihm kein philosophischer Begriff. Er war pausenlos im Einsatz, was für seine Mitarbeiter ebenfalls pausenlosen Einsatz bedeutete.

Wer in Haiders Teich schwamm, hatte keine Wochenenden und keine geregelten Arbeitszeiten mehr, und daher auch kaum Zeit für Privatleben. Seine Mitarbeiter waren zu hundert Prozent dabei oder gar nicht. Wenn er sie an einem Sonntag um zwei Uhr nachts oder um acht Uhr morgens anrief, hatten sie erreichbar zu sein. Viele hielten diesem Druck auf Dauer nicht stand.

Ich hatte es vorerst nicht mit Haider selbst zu tun, sondern mit Gernot Rumpold, und ich nahm an, dass Rumpold Haider in Sachen Leistung ähnelte. Was mich nicht abschreckte. Diese aufgeladene Atmosphäre und dieses hektische Arbeitsumfeld wirkten eher anziehend als abschreckend auf mich.

Zwei Wochen später war ich mit einer leichten inneren Protesthaltung und meinem fertigen Wahlkampf-Konzept zurück und drückte jedem am rechteckigen Besprechungstisch eine Kopie davon in die Hand. Es war ein bisschen, als handle es sich um lauter Analphabeten, die nur so taten, als könnten sie lesen. Nach kurzem Papierrascheln fielen die Blicke wieder auf mich. Niemand hatte sich das Konzept genau angesehen. Rumpold sah mich ebenfalls an. »Sag kurz, was du machen willst«, sagte er.

Ich war zum ersten Mal am Wort. Mein Papier enthielt eine eher theoretische Abhandlung und war wohl näher an einer Diplomarbeit als an einem handfesten Wahlkampfkonzept für Jungwähler. Ich versuchte, es mündlich zusammenzufassen, was mir nicht richtig gelang, weil es im Grunde keinen Kern hatte. Rumpold unterbrach meine Abhandlung rasch. »Passt«, sagte er. »Ich kenne mich aus. Jetzt mach dich an die Umsetzung. In zwei Wochen gibst du uns einen Zwischenbericht.«

Ich runzelte die Stirn und öffnete den Mund, um meine innere Protesthaltung in Worte zu fassen. Denn Rumpold hatte nichts über ein Budget oder über Mitarbeiter gesagt, die mir zur Verfügung stehen würden. Was sollte das Ganze also? Doch die allgemeine Aufmerksamkeit hatte sich schon wieder von mir abgewandt. Die Runde konzentrierte sich auf das nächste Thema. Was ich gesagt hätte, wäre ungehört verhallt. »Such dir ein paar junge Leute. Organisier ein paar Partys«, rief mir Rumpold nach, als ich schon wieder am Weg zur Tür war.

Zur nächsten Sitzung kam ich ohne Ergebnis, das einen Zwischenbericht gerechtfertigt hätte. Mir blieb nur die Flucht nach vorne, die ich antrat, indem ich meinem aufgestauten Frust freien Lauf ließ. Ich erklärte dem versammelten Wahlkampfteam, dass ich das bisherige Verhalten mir gegenüber unprofessionell fände. »Ihr habt es jahrelang versäumt, eine schlagkräftige Jugendpartei aufzubauen«, sagte ich. »Sie existiert nicht. Das ist der Fehler. Alle anderen Parteien haben seit Jahrzehnten Jugendparteien. Ein paar Monate vor der Wahl damit anzufangen, ist ein bisschen spät. Schon gar nicht lässt sich mit ein paar Partys etwas holen, Herr Rumpold. Die Jugend von heute ist zu kritisch, um sich so leicht einfangen zu lassen.« Da ich nun schon in Fahrt war, fügte ich hinzu: »Hier herrschen Chaos und Ahnungslosigkeit. Für so etwas stehe ich nicht zur Verfügung. Ich mache den Jugendwahlkampf nicht.«

Diesmal fühlte ich mich auch nicht viel besser, als ich den Sitzungssaal verließ. Vor allem, weil ich für meine Aufgabe im Rahmen des FPÖ-Jugendwahlkampfes meinen Job bei der *Kleinen Zeitung* hingeschmissen hatte. Nun hing ich, nach meiner Entscheidung für die Politik und gegen den Journalismus, in der Luft. Am Abend rief mich Haider. »Es gibt Probleme?«, fragte er.

Sie hatten mich nach meinem Auftritt einfach hinausgeworfen, und er hatte offenbar davon gehört. Ich erzählte ihm unbeschönigt, was vorgefallen war. »Gut«, sagte er. »Dann machst du eben etwas Anderes.«

Er teilte mich einem Wahlkampfprojekt zu, das sich »Unabhängiger Personenkreis für Jörg Haider« nannte. Prominente Persönlichkeiten und Meinungsbildner sollten ihm angehören. Ich war einer jungen Projektmanagerin als Hilfe zugeteilt. Sie war ebenfalls gerade im kalten Wasser gelandet und ungefähr so überfordert, wie ich es mit dem Jugendwahlkampf gewesen war. Als Duo brachten wir die Sache dann doch voran.

Ich bekam dabei den Landtagswahlkampf 2004 aus nächster Nähe mit. Allen war klar, dass es knapp werden würde, und diese Stimmung hielt bis zum Schluss. Die Diskussion über den Inhalt des Schlussplakates kam auf. Ich lernte, dass dieser Inhalt wesentlich über Sieg oder Niederlage bei einer Wahl mit entschied. Die große Frage lautete also: Was sollte drauf stehen?

Ich beobachtete den Entscheidungsprozess mit halb wissenschaftlicher, halb naiver Neugierde. Wie kam so ein wichtiger Slogan in der richtigen Politik zustande? Wochenlang überlegten Haiders Wahlkampfstrategen. Vorschläge kamen auf den Tisch und verschwanden wieder. Die Zeit wurde knapp und Haider wurde ungeduldig. Der letztmögliche Drucktermin stand bevor, und es gab noch immer keine gute Idee.

Haiders Pressesprecher, Karl-Heinz Petritz, besuchte in diesen Tagen seine schon betagte Mutter. Anscheinend sprachen sie über Politik, jedenfalls kam das Gespräch zwischen den beiden an einen Punkt, an dem die alte Dame den Wahlkämpfer hinsichtlich des Wahlausgangs in tiefstem Kärtner Dialekt beruhigte. »Machts euch kane Sorgen«, sagte sie. »Das wird schon klappen. An Bessern kriag ma nimma.«

Als unser letztes Plakat in ganz Kärnten hing, diskutierte umgehend die gesamte politische Entourage an Politologen, Soziologen und Meinungsforschern und die politische Konkurrenz den Slogan. Sie diskutierten darüber, welche Mechanismen er bediente und was genau er eigentlich ausdrücken sollte. Dabei taten immer alle so, als hätten Haiders Spin-Doktoren den Slogan am Reißbrett gefertigt, damit er genau die von ihnen beschriebenen Effekte erzielte. In Wirklichkeit hatte bloß eine alte Dame gesagt, was sie dachte, und das hatten sie, die geheimnisumwitterten Spin-Doktoren, samt ihrem Kärntner Dialekt übernommen und auf ein knallgelbes Plakat mit Haider-Foto in blauer Schrift geschrieben: »Landeshauptmann Dr. Jörg Haider – An Bessern kriag ma nimma.« Das wirkte, vor allem weil für viele Kärntnerinnen und Kärntner Jörg Haider im direkten Vergleich zu den anderen Landeshauptmann-Kandidaten noch immer als der Bessere erschien, trotz aller seiner politischen Fehler und Skandale.

Am Wahlabend war die Stimmung in der Partei längst wieder so gut wie früher. Nicht zuletzt dank der Strahlkraft dieses Slogans waren alle siegessicher und wollten im freiheitlichen Landtagsklub, der sich gemeinsam mit dem Landtag im Kärntner Landhaus befand, die ersten Hochrechnungen verfolgen.

Landesparteiobmann Martin Strutz hatte eine Liste erstellt, um zu regeln, wer Zugang hatte und wer nicht. Ich stand nicht auf der Liste. Wegen meines forschen Auftritts gegenüber Gernot Rumpold und dem restlichen Wahlkampfteam hatte Strutz oder jemand von seinen Leuten die Empfangsdame an der Tür sogar extra angewiesen, mich nicht hineinzulassen.

Ich kannte diese Empfangsdame, die Chefsekretärin der Partei, schon, und ich hatte ein gutes Argument. Haider hatte mich kurz vor meinem Aufbruch in den Klub angerufen und gefragt, ob ich auch da sein und mitfiebern würde. Da konnte sie schwer hart bleiben. »Ich habe dich nicht gesehen«, sagte sie leise und winkte mich durch.

Haider erreichte bei der Landtagswahl 2004 mehr als 43 Prozent. Sein Hauptgegner, der Sozialdemokrat Peter Ambrozy, blieb weit unter den Erwartungen. Als Haider gut eine Stunde nach der ersten Hochrechnung im Klub eintraf, brandete Jubel auf. Kameraleute und Fotografen drängten sich um ihn, seine Anhänger bestürmten ihn. Es kam zu tumultartigen Szenen in den engen Klubräumlichkeiten. Parteifreunde hoben Haider unter Blitzlichtgewitter auf ihre Schultern und das Wahlkampflied dröhnte aus den Lautsprechern.

Haider wollte das Wort ergreifen. Jemand reichte ihm ein Mikrofon und vor den Linsen unzähliger Fernsehkameras hielt er eine emotionale Rede. Er versuchte, die Euphorie etwas zu bremsen. Dieser Erfolg sei ein Arbeitsauftrag, sagte er. Dabei lobte er die harte Arbeit aller Anwesenden. Seine Rede war kurz, und bei seinem Schlusssatz brach ihm die Stimme. »Ich möchte gar nicht mehr viel sagen, ich sage nur noch, danke euch allen.«

Im allgemeinen Wirbel hatte ich nur kurz Gelegenheit, ihm mit einem Handschlag zu gratulieren. »Wir reden dann noch«, sagte er. Doch im Feiertrubel verlor ich ihn aus den Augen.

Am Tag nach der Wahl, dem Montag, erschien die neue Ausgabe des Nachrichtenmagazins *profil*. Die Redaktion hatte zugewartet, um den Ausgang der Kärntner Landtagswahl, die über die Zukunft von Österreichs am stärksten polarisierenden Politiker entscheiden würde, im Blatt noch mitnehmen zu können. Als ich das Cover sah, musste ich an jenen nasskalten Dezembertag am Neuen Platz in Klagenfurt denken, als alle Haider abgeschrieben hatten und er trotzdem keine Gelegenheit ausgelassen hatte, mit Passanten ein paar Worte zu wechseln. »Unbesiegbar«, stand am Cover unter einem Bild von ihm. Nur dieses eine Wort.

Haider überlegte, das Cover einrahmen zu lassen. Schließlich ließ er es unter allen Funktionären verteilen. Für ihn war dieses Cover nach den Abgesängen auf ihn wie ein Ritterschlag. Was ihm auf Bundesebene misslungen war, hatte er auf Landesebene geschafft. Er war der übergroße Landesvater. Er zog den Erfolg in Kärnten mittlerweile im Grunde auch jenem auf Bundesebene vor. In Kärnten konnte er vieles unabhängig von der Bundespolitik entscheiden und er mochte die Rolle des Robin Hood aus der Provinz, der es der Zentralmacht in Wien zeigt.

Nach der Wahl hörte ich zwei Wochen lang nichts von Haider. Ich bekam mit, dass er ausgerechnet mit seinem gescheiterten Konkurrenten Peter Ambrozy eine Koalition einging und so seine Wiederwahl als Landeshauptmann gesichert war. Die Medien werteten die Koalition der Sozialdemokraten mit dem rechten Haider als Tabubruch und gaben ihr den Namen »Chianti-Koaliton«, weil Haider und Ambrozy ihren Bund angeblich mit Chianti begossen hatten.

Als wir das nächste Mal redeten, war Haiders Tonfall sachlich. Der Erfolg hatte ihn gestärkt und er wollte darauf aufbauen. »Ich brauche gute Leute für das Regierungsbüro«, sagte er. »Hast du Lust?«

Wenige Tage später hatte ich einen auf zwanzig Wochenstunden beschränkten Job im Pressebereich, der mir eine Fortsetzung meines Studiums und das allmähliche Erlernen des politischen Handwerks erlaubte. Doch wenige Monate später brauchte Haider einen Pressesprecher. Karl-Heinz Petritz, der diese wohl anspruchsvollste Aufgabe in Haiders Teich bisher erledigt hatte, wollte mit knapp fünfzig Jahren noch einmal etwas Neues anfangen. Haider war mit dem Nachfolger, den er rasch fand, nicht zufrieden. Er war ihm zu nachdenklich und zu langsam. Er wollte jemanden mit mehr Dynamik. »Mach du das«, sagte er zu mir. »Du kennst dich ja inzwischen mit Pressearbeit aus.«

Was ich mir schon als kleiner Junge gewünscht hatte, rückte damit in greifbarer Nähe. Mein Traum wäre schon so gut wie erfüllt gewesen. Dennoch zögerte ich. Vielleicht lag es daran, dass die Erfüllung eines Traumes immer etwas Desillusionierendes hat. Vielleicht auch daran, dass ich das eherne Prinzip meiner Eltern verinnerlicht hatte, dem zufolge man angefangene Dinge auch zu Ende zu führen hatte, was insbesondere für den Bildungsweg galt. Außerdem wurde mir angesichts der sich aufgetanen realen Möglichkeit klar, was es neben der Erfüllung meines Traumes noch bedeutete, Haiders Pressesprecher zu sein. Egal, was sonst noch alles passierte, ich würde mein Leben lang gebrandmarkt sein. Alle würden sagen: Das ist Haiders Pressesprecher. Wenn ich es einmal nicht mehr war, würden sie sagen: Das war Haiders Pressesprecher. Was immer ich sonst noch war, würden sie dieser Zuschreibung unterordnen. Einmal Haider, immer Haider. So einfach war das.

Haider ließ mir keine Zeit zum nachdenken. »Was ist?«, sagte er, als ich nicht gleich antwortete. »Machst du es?«

»Ich will zuerst mein Studium fertigkriegen«

»Das interessiert mich nicht«, sagte er. Zum ersten Mal erlebte ich ihn gereizt. »Ich brauche jetzt einen Pressesprecher, nicht in fünf Jahren.«

Anscheinend war er es nicht gewohnt, dass jemand so ein, aus seiner Sicht wahrscheinlich ausschließlich ehrenvolles, Angebot ablehnte oder zumindest nicht widerspruchslos annahm. Ich erschrak ein wenig über seinen brüsken Ton und versuchte, etwas Zeit zu gewinnen: »Gib mir bitte ein paar Tage.« Widerwillig billigte sie mir Haider zu.

Ich dachte angestrengt über meine Zukunft nach. Der Mann im Hintergrund zu sein, der die Maschinerie bediente und die Bühne für den Hauptdarsteller bereitet, faszinierte mich. Doch ich hatte nie bedacht, wie viele Tore sich schließen würden, wenn ich durch dieses eine trat. War ich wirklich bereit für »immer Haider«? War die Erfüllung meines Traumes sogar dieses Opfer wirklich wert?

Ich war 23 Jahre alt und Haider 54. Wie lange würde er noch Landeshauptmann bleiben? Wie lange würde er noch Politik machen? Wenn ich 40 bin, ist er 71. Was würde ich tun, wenn er sich dann längst ins Bärental zurückgezogen hatte und ich noch immer den Stempel »Haider« trug? Ich wäre damit nicht nur in Österreich, sondern auch international mehr oder weniger geächtet. Pressesprecher des Mannes zu sein oder auch nur gewesen zu sein, der sich schon den Vergleich mit Adolf Hitler gefallen lassen musste, war so ähnlich, wie ein Hakenkreuz-Tatoo auf der Stirn zu tragen. Diese Vorstellung widerstrebte mir zutiefst, zumal ich mich in der liberalen Tradition meines Vaters sah und keinesfalls im nationalen Rechtsaußen-Lager.

Ich verstand die Einordung Haiders in diesem Punkt auch nicht ganz. Haider tat als Rechtspopulist einfach, was funktionierte, und das weitgehend ideologiebefreit. Wenn die Koketterie mit dem Nationalsozialismus funktionierte und ihr Effekt gerade in seine Strategie passte, war sie ihm recht. Ich bewunderte gerade diesen pragmatischen Umgang mit der Provokation an ihm, diesen dauernden emotionslosen Balanceakte an den Grenzen des Sagbaren. In seinem versteckten Innersten schlummerte ein viel stärkerer liberaler Geist, als er es sich teils selbst eingestehen wollte und vor allem nach außen hin zeigte. So hatte er mir zum Start meines Teilzeitjobs eine Streitschrift des ehemaligen FDP-Generalsekretärs und stellvertretenden Fraktionsvorsitzenden im deutschen Bundestag, Karl-Hermann Flach, in die Hand gedrückt, mit der ausdrücklichen Aufforderung, sie genau zu lesen und ihm verlässlich wieder zurückzugeben. Ihr

Titel: »Noch eine Chance für die Liberalen – Oder: Die Zukunft der Freiheit.«

Haiders Koketterie mit dem Nationalsozialismus wurde mir nicht einmal dann unheimlich, wenn er die Grenze überschritt, weil mir klar war, dass selbst das nicht das Geringste mit einer nationalsozialistischen Überzeugung zu tun hatte. Er hatte die Grenze dann einfach falsch verortet und ich fragte mich bloß, wie ihm das passieren konnte.

Ich hatte das auch schon ihn selbst gefragt, als er einmal bei mir im Studentenheim war. Ich hatte ihm gerade aus der Gemeinschaftsküche in einer Jumbotasse grünen Tee gebracht. »Was ist dir eigentlich bei dem Sager von Hitlers ordentlicher Beschäftigungspolitik eingefallen?«, hatte ich ihn gefragt.

Haider hatte lange schweigend in die Tasse gestarrt, die ich davor genau wie den Löffel zur Sicherheit ein zweites Mal abgewaschen hatte. »Das war mein größter Fehler«, hatte er schließlich gesagt. »Das hätte ich niemals sagen dürfen. Es ist mir passiert.«

Mir hätte so etwas nie passieren können. Meinem Vater auch nicht. Deshalb hatte sich mir die Frage gestellt, wie ein Mensch sein musste, damit ihm eine derartige Entgleisung passieren konnte. Ich fand es mit der Zeit selbst heraus. Es hatte mit Haiders Verhältnis zu seinem Vater Robert zu tun. Robert Haider war bereits Mitglied der NSDAP gewesen, als die noch verboten gewesen war. Nach dem Krieg hatten seine Eltern Sühnearbeit leisten müssen, ein Trauma für die Familie, die sich inmitten der vielen unbestraften Mitläufer ausgegrenzt und der Schande preisgegeben gefühlt hatte. Die »ordentliche Beschäftigungspolitik« war der verunglückte Versuch eines Sohnes gewesen, seinen Vater und dessen Generation in Schutz zu nehmen.

Ähnliche Gründe motivierten Haider, regelmäßig mit Kriegs-
veteranen und deren Angehörigen an dem jeweils am ersten
Sonntag im Oktober stattfindenden Treffens bei der Heimkeh-
rergedenkstätte am Kärntner Ulrichsberg teilzunehmen. Der
»Ulrichsberggemeinschaft«, dem Traditionsverein, der die Treffen organisierte, gehörten ursprünglich auch ÖVP- und SPÖ-Po-
litiker an, wie der ehemalige Klagenfurter Bürgermeister Leo-
pold Guggenberger oder der ehemalige stellvertretende Landeshauptmann Rudolf Gallob. Als die Abgrenzung des Treffens vom
Nationalsozialismus unklar wurde, wandten sie ihm den Rücken
zu. Nicht so Haider. Er zeigte der Generation seines Vaters weiterhin, dass er sie verstand und zu ihr stand, und nahm die Empörung über seine Auftritte am Ulrichsberg als erfreuliche Be-
gleiterscheinung mit.

Auf die Idee, Haider als Nationalsozialisten zu betrachten,
wäre ich nie gekommen. Er war klar dem rechten Spektrum zu-
zuordnen: europakritisch, wirtschaftsliberal, streng in Sachen
Einwanderung. Alles andere war die von ihm selbst kalkulierte
Hysterie seiner Gegner.

Wenn ich jetzt zusagte, würde ich trotzdem in dem Eck stehen, in das ihn seine Gegner stellten. Was umso absurder war, als
ich jegliche nationalsozialistische Ideologie und alles, was je daraus hervorgegangen war, immer zutiefst verabscheut hatte, weiterhin verabscheute und immer verabscheuen würde. Trotzdem
würde ich mich rechtfertigen müssen. Ständig. Für lange Zeit.
Für wer weiß wie lange Zeit. Doch was wäre andererseits, wenn
ich in zehn oder zwanzig Jahren in einem grauen Leben aufwa-
chen und reumütig auf diese vergebene Chance zurückblicken
würde? War ich es mir nicht bei allem Risiko selbst schuldig, mir
diesen Traum zu erfüllen?

Als ich meine Entscheidung getroffen hatte und das Büro des Landeshauptmanns betrat, saß Haider hinter seinem gläsernen Schreibtisch. Er zeichnete gerade Akten ab und hob zur Begrüßung nur kurz den Kopf. Ich nahm ihm gegenüber Platz. »Ich habe es mir überlegt. Ich mache den Job, aber nur unter einer Bedingung«, sagte ich.

Haider reagierte nicht, sondern zeichnete weiter seine Akten ab, also sprach ich einfach weiter.

»Wenn du einen Ja-Sager und Schleppenträger suchst, bin ich der Falsche. Ich habe meine eigene Meinungen und Positionen, und werde sie auch vertreten. Ich glaube, dass jemand diesen Job nur dann gut macht, wenn er für dich auch ein Korrektiv ist. Ich werde Widerspruch leisten, und wenn ich es für notwendig halte, werde ich auch mit dir streiten. Ich verspreche dir aber, dass ich immer loyal sein werde.«

Ich wusste inzwischen, dass ich bei meiner ursprünglichen Einschätzung der Bedeutung von Loyalität für ihn richtig gelegen war. Loyalität stand für ihn im Umgang mit Anderen an oberster Stelle. Er war auch nach seinem Wahlerfolg misstrauisch geblieben. Erst vor kurzem hatte er mir erzählt, dass er Menschen früher viel zu leicht Vertrauen geschenkt und dabei immer wieder schlechte Erfahrungen gemacht hatte. Auf die Art hatten bei ihm regelmäßig Menschen Positionen erlangt, für die sie, für Außenstehende im Grunde leicht erkennbar, gänzlich ungeeignet gewesen waren. »Ich habe mich damit abgefunden, dass meine Menschenkenntnis nicht die beste ist«, hatte er mir bei diesem Gespräch gesagt.

Widerspruch konnte er nur von Mitarbeitern akzeptieren, von deren Loyalität er restlos überzeugt war, und selbst dann nur im kleinen Kreis. Ich kannte inzwischen einige Beispiele, die das belegten. Einmal schrieb ein langjähriger kleiner Parteifunktionär, einen kritischen Leserbrief an die *Kleine Zeitung*, was prompt zu seinem Parteiausschluss wegen »parteischädigendem Verhalten« führte. Andererseits belohnte Haider Loyalität, weil er wusste, wie schwer sie zu bekommen war. An der uneingeschränkten Unterstützung und Treue gegenüber einem langjährigen Mitarbeiter hielt er vordringlich wegen dessen erwiesener Loyalität fest, obwohl er zuerst mit falscher Rechnungslegung einen Untersuchungsausschuss über Haiders Irak-Reisen verschuldete und später, als Mitarbeiter einer Landesgesellschaft, mit der Firmenkreditkarte offenbar auch privat einkaufen gegangen war.

»Widerspruch oder Kritik von mir werden niemals etwas mit Verrat zu tun haben, sondern immer mit Ehrlichkeit«, sagte ich deshalb jetzt in seinem Büro zu ihm. »Wenn du damit leben kannst, dass ich auch einmal nein sage, mache ich es. Sonst nicht.«

Haider hatte bisher das ganze Gespräch über geschwiegen und kein Wort gesagt. Erst jetzt stoppte er seine Akten-Arbeit, legte seine Füllfeder zur Seite, verschränkte seine Finger und sah mich an. »Genau weil du so bist, wie du gerade gesagt hast, will ich, dass du es machst«, sagte er.

»Dann sind wir uns einig.«

Wir besiegelten die Abmachung mit einem Handschlag.

Auf Tour mit Jörg Haider

In den kommenden Jahren, die für mich vergingen wie ein einziger turbulenter Tag, komplettierte sich mein Bild von Haider und ich lernte, sein facettenreiches Wesen in seinem ganzen Umfang zu verstehen.

Haider kam fast jeden Tag erst spätnachts heim und war, wenn der neue Tag nicht ohnedies mit Terminen irgendwo in Kärnten begann, trotzdem immer gegen 8.30 Uhr im Büro. Joschi Schütz, sein Chauffeur, holte ihn entweder im Bärental oder von seinem Haus in Klagenfurt ab. Jeden Tag, wenn er sein Büro betrat, stand sein Frühstück bereit. Es war mit unheimlicher Regelmäßigkeit immer das Gleiche. Eine Scheibe Schwarzbrot oder ein Kornweckerl mit wenig Butter und Käse drauf sowie eine Tasse Grüner Tee.

Der normale Büroalltag war Haider ausgesprochen zuwider. Die Verwaltungsaufgaben, die ein Landeshauptmann selbst zu erledigen hatte, konnte er nicht ausstehen. Seine Mitarbeiter mussten ihm diese Dinge deshalb immer so aufbereiten, dass er sie in wenigen Minuten erledigen konnte. Er selbst war am liebsten unterwegs, um mit potenziellen Wählern zu sprechen. Er war immer auf der Suche nach einer Bühne. Vergingen zwei, drei Tage, in denen er mit Arbeit in seinem Büro eingesperrt war und nicht ins Land hinaus konnte, begann er, im Kreis zu laufen. »Ich muss hinaus zu den Leuten«, sagte er dann.

Waren wir unterwegs, saßen wir, sein Team, bereits im Wagen, wenn er einstieg. Am Steuer saß Joschi Schütz, links hinten sein Sekretär und rechts hinten ich als sein Pressesprecher. Ich war immer dabei, wenn Parteitermine oder Veranstaltungen mit Medien stattfanden. War das nicht der Fall, begleitete ihn nur sein persönlicher Sekretär, der zweifellos einen der kräfteraubendsten Jobs hatte. Er musste Haider auf Schritt und Tritt begleiten und ihm von Montag bis Sonntag rund um die Uhr zur Verfügung zu stehen. Zu seinen Aufgaben zählte es, über jeden Termin genau Bescheid zu wissen, das Telefon zu betreuen, Bürgeranliegen aufzunehmen und die sogenannte »Tagesmappe« zu verwalten. Sie enthielt detaillierte Unterlagen über jeden anstehenden Termin. In der Landesregierung saßen spezielle Referenten für jeden Bereich, die sie mit Informationen zu füllen hatten. Auch für die kleinste Veranstaltung mussten sie eine schriftliche Vorbereitung vorlegen. Außer sachlichen Hinweisen hatten darin auch die Vorgeschichte und der Rahmen der jeweiligen Angelegenheit zu stehen.

Bei einer Betriebseröffnung kannte Haider dann den familiären Hintergrund der Unternehmer, die Entstehungsgeschichte des Unternehmens, welche Auszeichnungen es allenfalls bekommen hatte und viele weitere Details. Traf er sich mit Wirtschaftsbossen, kannte er deren gesamte Vita samt Informationen über mögliche Schwachstellen und Angriffspunkte im persönlichen Bereich. Bei einem Dorffest wusste er, dass der örtliche Wirt drei Tage zuvor wegen Trunkenheit am Steuer den Führerschein abgeben musste und konnte mit einem Scherz darüber punkten. Haider waren diese Dinge wichtig. »Du bleibst den Menschen weniger mit deinen politischen Konzepten, als mit solchen Geschichten in Erinnerung«, sagte er.

Oft widmete er einer Person bei einem Fest eine ganze Stunde seiner Zeit. »Politiker machen immer den Fehler, dass sie nicht zuhören«, sagte er. Das war eins seiner zentralen Erfolgsrezepte: Zuhören ist wichtiger als reden, besonders für Politiker.

Haider nahm, entgegen der Gewohnheit vieler Politiker, immer am Beifahrersitz Platz. Es war sein festes, allmorgendliches Begrüßungsritual, jedem seiner Begleiter im Wagen die Hand zu schütteln. »Guten Morgen«, sagte er.

Der Sekretär musste alle wichtigen Zeitungen dabei haben, die Haider genau las. Die Leserbriefe interessierten ihn besonders. Ihm war wie den meisten Politikern klar, dass diese Seite neben den Sportseiten und dem Fernsehprogramm besonders viele Leser hatte. Viele Parteien hatten deshalb Mitarbeiter, die für sie günstige Leserbriefe zu verfassen hatten. In Haiders Partei gaben einfache Parteimitglieder ihre Namen dafür her. Es kam darauf an, die Briefe möglichst geschickt zu formulieren, damit die Redaktionen sie nicht gleich als Fälschungen erkannten und aussortierten. Ich schrieb selbst manchmal welche, doch Haider war mit unseren Leistungen in diesem Bereich immer unzufrieden. Er fand unsere Briefe zu plump und zu direkt. Alle paar Wochen kam das Thema auf. »Das müssen wir anders machen«, sagte er. »Geschickter. Die dürfen nicht so sehr nach Parteiwerbung klingen.«

Dann fing er immer an, selbst Leserbriefe zu schreiben. Da er nie richtig im Computerzeitalter angekommen war, schrieb er sie mit seiner Füllfeder auf kleine Notizzettel und versah sie mit der Überschrift »LB«. Seine Briefe waren allerdings die plumpsten von allen, und die denkbar eindeutigste Parteiwerbung. »Unser Landeshauptmann Jörg Haider ist der Größte und der Beste …« So ungefähr fingen sie an. Ich musste lachen, wenn ich sie las, obwohl das Ganze für mich kein Spaß war. Denn Haiders selbst gefertigte Leserbriefe erschienen klarer Weise nie, und dann fragte er nach. »Was ist mit meinen Briefen? Leitest du die nicht weiter? Schmeißt du die einfach weg, oder wie?«

Ich wagte es nie, ihm zu sagen, dass seine Briefe einfach extrem schlecht waren. »Ich kann nicht mehr tun, als sie abzuschicken«, sagte ich. »Welcher Brief erscheint und welcher nicht, liegt im Ermessen der Redaktion.« Um ihm zumindest ein kleines Erfolgserlebnis zu verschaffen, formulierte ich einige seiner Briefe leicht um und schwächte sie ab, aber selbst das funktionierte nicht.

Haiders Chauffeur war auf unserer Tour auch für die Zubereitung von Haiders »Sandgetränk« zuständig. Denn Haider nahm jeden Tag in Wasser gelösten Sand zu sich. Das Zeug schmeckte, obwohl wir es extra aus der Schweiz importieren mussten, genauso wie Sand von irgendeiner Baustelle oder einem Sandstrand. Ich probierte es einmal. Es war ekelig. Doch Haider legte trotz seines vorrückenden Alters Wert auf Vitalität und ein möglichst jugendliches Äußeres. Ein Ernährungsguru hatte ihm eingeredet, dass Sand seine Arterien frei und ihn jung und gesund halten würde. Seither stand in der Mittelkonsole seines Dienstwagens immer eine Trinkflasche, die er über den Tag verteilt, unter jeweils vorherigem heftigen Schütteln, leerte.

Haiders Kleidungsstil war eine Frage der jeweiligen politischen Kommunikationsstrategie und ein wichtiger Baustein seines Gesamtauftrittes. Er machte ihn für die Menschen fassbar und war damit zum Teil auch Aufgabe seiner Sekretäre und meine. Haider gefiel es, von den Medien als modischer Trendsetter wahrgenommen zu werden, und als der am besten gekleidete Politiker. Er hatte in dem Punkt auch einen Ruf zu verteidigen, schließlich war er in jungen Jahren als erster Politiker überhaupt ohne Krawatte im Parlament erschienen. Immer wieder bekamen wir Anfragen aus der Bevölkerung, wo Haider denn eine bestimmte Jacke oder bestimmte Schuhe gekauft hätte.

Ab und zu schickte ich Mitarbeiter aus, um Anzüge und Hemden für ihn in den neuesten Modefarben zu besorgen. Als ich eines Sommers in einer Modezeitschrift las, welche Farben in diesem Jahr angesagt waren, gab ich sie ihnen als Auftrag mit. »Kauft Kiwi und Lila«, sagte ich.

Haider bevorzugte neben seinen Kärntner Anzügen den italienischen Stil mit körperbetontem Schnitt und er hatte den Vorteil, dass er die Sachen nicht unbedingt selbst anprobieren musste. Wenn etwas seine Konfektionsgröße hatte, passte er meistens hinein. Trotzdem borgte er sich manches zunächst meist nur aus, etwa für einen Fototermin, und behielt dann nur, was er mochte.

Die Rechnung dafür ging an die Partei, denn Haider war privat ziemlich sparsam. Einmal saßen wir bei einem Termin im »Moser Verdino« in Klagenfurt und Haider übernahm die Rechnung in Höhe von 18,50 Euro. Er hatte nie eine Geldbörse, sondern eine Geldspange, die er jetzt zückte. Er zahlte mit einem Zweihunderter, während aus seinem Geldpäckchen weitere Zweihunderter und Fünfhunderter leuchteten. Trotzdem gab er dem Kellner nur 50 Cent Trinkgeld. »19«, sagte er, während er den großen Schein über den Tisch reichte. Ich erhöhte auf Zwanzig, und als sich der Kellner höflich dankend zurückgezogen hatte, mahnte ich Haider. »Als Landeshauptmann brauchst du nicht so kleinlich zu sein«, sagte ich. Haider machte große Augen.

Wir saßen ziemlich viel im Auto, zumal Haider nicht nur ständig zu den Kärntnern hinaus wollte, sondern auch Termine in Wien hatte. Besonders die dreistündigen Fahrten nach Wien verliefen meist hektisch. Wir waren regelmäßig zu spät dran und mussten unterwegs Zeit einsparen. Joschi Schütz war darin ein Meister. Ich war froh, dass es ihn gab, denn bei den wenigen privaten Fahrten, bei denen Haider selbst am Steuer gesessen war, hatte ich mich gefürchtet. Er war ein mieser Autofahrer. Es machte ihm Spaß, aber er war viel zu ungeduldig und unkonzentriert dafür. Bei Schütz hingegen fühlte ich mich sicher, obwohl für ihn 180 Stundenkilometer ein relativ normales Reisetempo waren. Schütz wusste auch, wie er mit Polizeikontrollen umzugehen hatte. »Die schon wieder«, knurrte er, wenn uns die Polizei an den Straßenrand winkte. Der Ablauf so einer Amtshandlung war immer ungefähr der gleiche. Wir hielten an. Ein Beamter kam ans Fahrerfenster, je nach Typ aufgebracht oder triumphierend, weil wir nicht einfach nur zu schnell gefahren, sondern meistens regelrecht gerast waren. »Sind Sie wahnsinnig? Wissen Sie, wie schnell Sie waren und was das bedeutet? Ihr Führerschein ist weg!« So ungefähr ging es los.

Am Auto selbst war nicht erkennbar, dass es sich um Haiders Dienstwagen handelte. Es war ein Phaeton, weil sich das Modell damals schlecht verkaufte und VW es als Werbung Prominenten zu besonders günstigen Konditionen überließ. Der Wagen war schwarz, doch statt mit der Nummer »LH 1«, die für Haider bereit gelegen wäre, fuhr er mit einem gewöhnlicher Klagenfurter Kennzeichen. Er fand, dass eine protzige Nummer nicht zu seinem Stil gepasst hätte.

Schütz ließ sich vom jeweiligen Polizisten immer eine Weile anschreien. Irgendwann fing er an, mit dem Zeigefinger seiner linken Hand stumm nach rechts zum Beifahrersitz zu deuten. Es dauerte unterschiedlich lange, bis die Polizisten den Kopf senkten, um ins Wageninnere zu blicken. Sobald sie es taten, änderte sich ihr Tonfall unverzüglich. Manche salutierten sogar. »Oh, entschuldigen Sie, Herr Landeshauptmann«, sagten sie dann betreten. »Tut mir leid, dass wir Sie aufgehalten haben. Sie haben es sicher eilig. Fahren Sie ruhig weiter, alles in Ordnung. Die Straße ist frei. Sollen wir Sie ein Stück begleiten?«

Haider winkte bei solchen Gelegenheiten dann immer lächelnd ab. »Passt schon, danke.«

Schütz gab sich bei unserer Weiterfahrt keine Mühe, ein gemächlicheres Tempo anzudeuten. Er trat aufs Gas, ließ die Polizisten in einer Staubwolke zurück und wir rasten weiter. Haider hing unterdessen schon wieder am Telefon, erledigte Papierkram oder bereitete sich für seinen nächsten Auftritt vor.

Sein Terminkalender war so gut wie immer voll. Mit Eröffnungen, Festen, Betriebsbesuchen oder persönlichen Besuchen bei Betroffenen tragischer Schicksalsschläge. Er versuchte, sich für alles und jeden Zeit zu nehmen. Dazu kamen Parteiveranstaltungen, Versammlungen, Sitzungen und Treffen mit Landesverantwortlichen für Projekte und Medientermine. Seine begleitenden Mitarbeiter hechelten dabei hinter ihm her, in dem ständigen Versuch, sein Tempo irgendwie zu halten.

Seine Kondition war unglaublich. Als ich ihn in meiner ersten Zeit als sein Pressesprecher ein Wochenende lang bei einer Zeltfest-Tour begleitete, fühlte ich mich hinterher wie tot. An ihm hingegen ging die Tour scheinbar spurlos vorüber. Wir jungen Mitarbeiter fragten uns immer, wie er das schaffte. Am Sand konnte es ja nicht ernsthaft liegen. Ich musste ihn eine Weile beobachten, um es zu verstehen.

Haider lebte eher asketisch. Vor allem aß er nicht viel. Buffets konnte er nicht leiden, und für ein Mittagessen blieb meistens keine Zeit. Sein Sekretär musste ihn zwischen den Terminen dazu bringen, wenigstens einen kleinen Imbiss zu sich zu nehmen. Nahm er sich einmal richtig Zeit zum Essen, entschied er sich als Anhänger des italienischen Lebensgefühls meist für mediterrane Küche. Er liebte italienische Fischgerichte, Hartkäse, Weißbrot, Olivenöl, all diese Dinge. Mehlspeisen und Süßigkeiten lehnte er ab. Bloß Apfelstrudel aß er. Das war bekannt geworden und hatte dazu geführt, dass ihm immer wieder Menschen frischen Apfelstrudel ins Büro schickten. Ständig kamen Kartons voll damit an.

Kaffee mochte Haider auch nicht. Er trank den ganzen Tag über nur Grünen Tee. Er rauchte nicht, und Rauchen war darüber hinaus in seinem Umfeld strengstens verboten. In jungen Jahren hatte er noch Pfeife geraucht, doch inzwischen war er auch davon abgekommen. Einmal erzählte er mir, wie es dazu gekommen war.

Auf einem Zeltfest hatte er viel getrunken und geraucht. Er war damals etwa dreißig gewesen und hatte gespürt, dass es so auf Dauer gesundheitlich nicht gut gehen konnte. Er hatte begriffen, dass er seine Gewohnheiten ändern musste, und er war ein disziplinierter Mensch, der aus seinen Einsichten unmittelbar Konsequenzen ziehen konnte.

Beim Alkohol anzufangen wäre für ihn als Lebemann, der ständig unter Menschen war, schwierig gewesen. Denn mancher seiner Arbeitstage begann schon mit einem Schnaps auf einem Fest und er hatte trinkfest zu sein. Nicht mitzutrinken, das fiel besonders am Land in die Kategorie Beleidigung, und Haider wollte auch nicht wie ein Genussverweigerer aussehen. Er sah das Mittrinken gleichsam als Teil seiner repräsentativen Aufgaben.

An seinen Getränken nippte er allerdings möglichst nur, um sie dann unauffällig an einen seiner Sekretäre weiterzureichen, der sie zu entsorgen hatte. Er erzählte gerne die Geschichte von jenem Sekretär, der diesen Auftrag falsch interpretierte und die

Gläser selbst leerte. Was dazu führte, dass er bereits gegen Mittag seines ersten Arbeitstages schwer alkoholisiert hinter ihm her torkelte und unmöglich weiter einsetzbar war.

Weil er also beim Alkohol bleiben musste, gab Haider lieber seine Pfeife auf. Dass ich Kettenraucher war, nervte ihn gewaltig. Trotzdem war ich einer von zwei Menschen, die in seinem Büro rauchen durften. Der andere war der Klagenfurter Bürgermeister Harald Scheucher. Haider akzeptierte das freilich nicht großzügig, sondern eher zähneknirschend.

Zudem betrieb Haider viel Sport, und er hatte eine Kultur darin entwickelt, sich Auszeiten dafür zu nehmen. Wenn ihm alles zu viel wurde, sagte er sämtliche Termine ab und nahm sich zwei oder drei Stunden zum Laufen frei. Dann durfte ihn niemand stören, unter keinen Umständen. Das leistete er sich selbst in anstrengenden Phasen ein bis zwei Mal die Woche. Sogar bei Auslandsreisen hatte er immer seine Laufschuhe dabei.

Haider hatte neben dem Sand für seine Arterien und seinen Leidenschaften für Uhren und Apfelstrudel auch noch ein paar andere Marotten. Er mochte zum Beispiel keine Kugelschreiber und besaß eine ganze Sammlung an Füllfedern. Es waren klassische Federn, für die wir im Auto immer ein Tintenfass dabei hatten. Mit diesen Füllfedern schrieb er sich Namen und Telefonnummern von Menschen auf, die er auf seiner Tour kennenlernte, und er schrieb mit ihnen bei Sitzungen mit, um hinterher überprüfen zu können, ob alles so passierte wie besprochen. »Ich vertraue nur meinen eigenen Mitschriften, niemals irgendwelchen Gesprächsprotokollen«, sagte er.

Während seiner Tour wechselte er den ganzen Tag die Rollen. Er konnte um 13 Uhr im Landtagsklub den kühlen Politstrategen geben, um 15 Uhr beim Anstich eines Bierfasses den volkstümlichen Landesvater und um 16.30 Uhr bei der Aufsichtsratssitzung eines landesnahen Unternehmens den smarten Wirtschafts- und Finanzexperten.

Eigentlich war er studierter Verfassungsrechtler und zum Beispiel perfekt darin, durch immer neue Wendungen eine Entscheidung der Höchstgerichte in der umstrittenen Frage zweisprachiger Ortstafeln in Kärnten zu verhindern, auf die eine slowenische Minderheit in Kärnten einen in der Verfassung verankerten Anspruch gehabt hätte.

Als Politikstratege war er auch gut, sonst hätte seine Karriere nicht funktioniert. Als geschicktem Taktiker fielen ihm immer alle möglichen und unmöglichen Mittel ein, um zu bekommen, was er wollte. Auch davor, andere notfalls über den Tisch zu ziehen, schreckte er nicht zurück.

Er nahm seine Gegner dabei nie wirklich ernst. Er war immer sicher, dass sie ihre Hausaufgaben schlechter als er gemacht hatten und er leichtes Spiel mit ihnen haben würde. Es war kein Hochmut. Er lag damit fast immer richtig. Bloß vor einem Verhandlungspartner hatte er Respekt, und wenn wir zu ihm unterwegs waren, war er im Auto, wo er sonst auch gerne Späße machte, angespannt. Bundeskanzler Wolfgang Schüssel. »Mit dem ist nicht zu spaßen«, sagte er. »Der ist gefährlich. Der trickst dich aus.«

Er sah in Schüssel und in Teilen der von Schüssel geprägten ÖVP-Führungsriege seine einzigen ernsthaften politischen Konkurrenten. Denn er hatte die Erfahrung gemacht, dass sie genau wie er selbst bereit waren, Macht hemmungslos auszuüben. Haider hatte dabei immer eine Geschichte im Kopf, die ihm einer seiner Weggefährten auf Bundesebene erzählt hatte. Einer von Schüssels Leuten hatte dem Mann mit folgenden Worten ein politisches Zugeständnis abzuringen versucht: »Dir ist schon bewusst, welche Macht wir in diesem Land haben. Du wirst nicht ewig in der Politik sein, und wenn du jetzt nicht zustimmst, sorgen wir dafür, dass du in diesem Land nie wieder einen Fuß auf den Boden kriegst.«

In seiner Rolle als rustikaler Landesvater war Haider sowieso unschlagbar. Viele der Geschichten, die ihm Menschen auf seiner Tour erzählten, gingen ihm tatsächlich persönlich nahe, und ein Feuerwehrfest oder ein Kirtag gehörten zu seinen liebsten Bühnen. Da kam es an Tagen mit besonders dichtem Programm schon einmal vor, dass er eine Lederhose im Auto mit hatte, um sie kurz davor noch rasch überzustreifen.

Am schwersten tat sich Haider mit der Rolle des smarten Wirtschafts- und Finanzexperten. Denn Kaufmann war er eindeutig keiner. Jedes Jahr, wenn es um die Präsentation der Budgetzahlen ging, bedeutete das für das ganze Team zusätzlichen Stress. Während er alle anderen Dinge jeweils rasch durchschaute und zu handhaben lernte, zog er sich in diesen Phasen zurück und verlangte von seinen Referenten unzählige ergänzende Unterlagen. Er war vielleicht ganz gut darin, bei privaten Ausgaben zu sparen, aber alle wirtschaftlichen Belange waren ebenso wenig seine Sache wie alte Hofräte und Zigarettenrauch. Was ihn aber nicht davon abhielt, bei derartigen Verhandlungen und Auftritten in den passenden Kleidern die richtige Show abzuliefern und Finanzkompetenz auszustrahlen.

Trotz seines dichten Programms blieb Haider tatsächlich immer locker und humorvoll, oder zumindest fast immer. Wenn er doch einmal ungehalten wurde, verweigerte er das Gespräch oder fragte bohrend nach. Diese Nachfrage begann er jeweils mit einem »T'schuldige bitte«, gefaucht mit zusammengekniffenen

Augen. Dieses »T'schuldige« bedeutete Alarmstufe rot. Es empfahl sich dann, zu schweigen.

Sein ganzes Büro war streng hierarchisch aufgebaut. Die Spitze der Pyramide bildete einerseits sein Büroleiter mit dessen Fachreferenten unter sich, zum anderen die Kommunikationsabteilung mit den Presse- und Marketingleuten, die ich leitete. Haider sprühte nur so vor politischen Ideen und Visionen für neue Projekte, die er stets prompt umgesetzt sehen wollte. All die Details und die konkrete Umsetzung überließ er seinen Mitarbeitern.

Die Mitarbeiter auf den unteren Ebenen bekamen ihn dabei kaum zu sehen. Der Druck, den seine permanenten Aktivitäten auslösten, drang trotzdem zu ihnen durch. Eine Kombination, die wohl zur Häufung von Burnout-Fällen, Magengeschwüren und anderen Stressfolgen beitrug. Selbst die persönlichen Sekretäre der politischen Arbeitsmaschine Haider blieben meistens nur ein paar Jahre.

Auch unangenehme Dinge überließ er lieber anderen, etwa den Rauswurf von politischen Weggefährten oder Mitarbeitern. Als im Grunde konfliktscheuer Mensch, behielt er damit nach innen immer die Rolle des Guten und vermied die direkte Konfrontation. Als er zum Beispiel einmal kurzerhand entschied, ein Mitglied seines Kärntner Regierungsteams abzusetzen, übertrug er mir die undankbare Aufgabe seine Entscheidung dem Mann möglichst schonend beizubringen. »Triff dich sofort mit ihm und sag es ihm«, sagte er. Bei meinem Termin mit dem Betroffenen in einem Lokal kam ich gleich zur Sache. »Der Landeshauptmann hat entschieden, dass du gehen musst«, sagte ich. »Morgen. Nimm's bitte nicht persönlich. Seine Entscheidung ist unwiderruflich.«

»Ich kenne mich aus«, sagte der Betroffene und ging.

Gleich darauf rief mich Haider an. »Weiß er es schon?«, fragte er.

»Ich habe es ihm gerade gesagt. Ich glaube nicht, dass er Probleme machen wird«, sagte ich.

»Passt«, sagte Haider und legte wieder auf.

Ein eigener Mitarbeiterstab, das »Bürgerbüro«, war zudem dafür verantwortlich, Interventionen zugunsten von Bürgern, mit denen er persönlich gesprochen hatte, abzuarbeiten. Die Ergebnisse überprüfte er persönlich. Auch wenn er mitunter nicht helfen konnte, war es ihm wichtig, dass jeder dennoch eine Antwort bekam. »Ein Wähler, dem du das Versprechen gibst, dich um sein Anliegen zu kümmern, und es dann brichst, ist für immer verloren. Auch wenn du nicht immer helfen kannst, muss er eine Antwort bekommen, damit er weiß, dass du es versucht hast. Dann hast du ihn trotzdem gewonnen.«

Für Haider waren die täglichen Begegnungen mit Menschen nicht nur die Kraftquelle, an der er seine Akkus auflud, auf die Art fühlte er sich auch am Leben und war gleichzeitig sein eigener Meinungsforscher. Er wusste selbst immer am besten, wo im Land welche Stimmungen herrschten, und warum. Auf Basis dieses Wissens machte er Politik.

Er war ein klassischer Populist. Er hörte zuerst zu, was die Menschen bei Zelt- oder Feuerwehrfesten erzählten und diskutierten, und redete dann, wenn er zum Beispiel einen Spatenstich vornahm, genau darüber. Er ist einer von uns, dachte sein Publikum dann, und genau das ließ Haider auch einmal auf ein Plakat schreiben. »Die Leute müssen dich verstehen«, sagte er. »Wenn du zu kompliziert sprichst, ist es egal, was du sagst, weil dich die Hälfte nicht versteht.«

Dass Haider im Volk nicht nur Freunde hatte, bekamen wir auch regelmäßig mit. Während bei anderen Politikern ein Bombenalarm wohl ein einschneidendes Erlebnis war, gehörte er bei uns zur Routine und war den Medien kaum noch eine Kurzmeldung wert. In regelmäßigen Abständen kamen Briefe und Pakete mit Pulver oder heraushängenden Drähten an. Wir riefen dann die Polizei, die je nach ihrer Beurteilung der Lage entweder das Zimmer, den Trakt oder die gesamte Landesregierung evakuierte, um die Postsendung auseinander zu nehmen und ausnahmslos als ungefährlich zu erkennen. Bloß einmal gab es etwas Aufregung. Ich sah Mitarbeiterinnen mit den Händen vor dem Gesicht aus einem Raum zu den Toiletten rennen, schreiend. Als ich den Raum betrat, standen ein paar Männer mit verzogenen Gesichter um eine Schachtel, in der ich zuerst nur Alufolie sah. Zu sagen brauchte mir niemand, was sich darin befand. Der bestialische Gestank reichte mir. »Jörg Haider, ich finde Sie scheiße«, stand auf einem beigelegten Zettel, und Scheiße war es auch, was sich fein säuberlich verpackt in der Alufolie befand. Der Absender hatte sich wirklich Mühe gegeben.

Haider arbeitete konsequent nicht nur mit den Stimmungen und der Sprache der Menschen, sondern auch mit ihren Gefühlen. Mit dem Gefühl zum Beispiel, dass es schön ist, bei der Heimkehr von einer Auslandsreise eine Tafel mit dem Namen des eigenen Heimatortes vorzufinden, und dass es, zumindest für einen Teil der Menschen, weniger schön ist, wenn dieser Name noch ein zweites Mal drauf steht, und zwar in einer anderen Sprache. Er verstand, dass eine einfache Tafel Ausdruck von Identität und Zugehörigkeit sein kann, und dass Menschen das Gefühl haben können, mit zweisprachigen Ortstafeln ihre Heimat zu verlieren.

Das mag banal klingen, doch mit diesem einfachen Gefühl spielte Haider jahrelang geschickt. Die Chance dazu verdankte er historischen Fehlern. In Südkärnten, das an Slowenien grenzt, gibt es die bereits erwähnte slowenisch sprechende Minderheit, die gemäß Artikel 7 des Staatsvertrags von 1955 unter anderem das Recht auf zweisprachige Ortstafeln hat, und zwar überall dort, wo sie eine gewisse Größe erreicht.

Obwohl sie dieses Recht auch einforderte, enthielt es ihr die an der deutsch sprechenden Mehrheit orientierte Politik immer vor. Die hätte besser durch geeignete Maßnahmen das Verständnis der Mehrheit für die Anliegen der Minderheit gefördert und damit Emotionen aus der Sache genommen, was sie aber versäumte. 1972 gab es deshalb sogar einen »Ortstafelsturm«, bei dem Angehörige der deutschsprachigen Mehrheit nachts die damals ohne geeignete begleitende Maßnahmen einfach aufgestellten zweisprachigen Ortstafeln wieder entfernte. Hinterher machte die Politik einen zweiten gravierenden Fehler: Sie tabuisierte das Thema.

Für mich waren die Ortstafeln ein Schulbeispiel dafür, wie Haiders Rechtspopulismus funktionierte. Er identifizierte den Konflikt und nutzte ihn instinktsicher für sich. Die deutschsprachigen Kärntner gegen die Slowenen mit ihren dreisten Forderungen: Das war das Thema des Stückes, in dem er so gut wie seine ganze politische Karriere lang schon die Rolle des unbeugsamen Helden gespielt hatte. Sein Interesse bestand freilich jahrzehntelang nicht darin, das Problem zu lösen, sondern immer nur darin, es möglichst lang am Leben zu erhalten, um die damit verbundenen Ressentiments für seine Inszenierung nutzen zu können. Mit deftigen Ansagen schürte er diffuse Ängste vor einer slowenischen Unterwanderung Kärntens, die in Wirklichkeit so nie möglich gewesen wäre.»Mit zweisprachigen Ortstafeln fängt es an, und am Ende ist ganz Kärnten zweisprachig«, sagte er in seinen Reden.

2006 wusste er, ebenfalls von seiner Ochsentour, dass es Zeit wurde, die Sache abzuschließen. Er spürte, dass sich die Stimmung änderte.»Die Wähler haben langsam genug von den Ortstafeln«, sagte er zu mir. Auch starb die Kriegsgeneration langsam aus und den nachkommenden Generationen war das Thema nicht mehr so wichtig. Nicht wichtig genug jedenfalls, als dass es den Schatten, den es über ihr Bundesland warf, gerechtfertigt hätte.

Dreißig Jahre lang hatte Haider gegen zweisprachige Ortstafeln gewettert, aber das spielte jetzt keine Rolle mehr für ihn. Er machte eine Politik der Gefühle. Änderten sich die Gefühle, war im gleichen Moment sein eben noch ehernes Parteiprogramm Geschichte. Daher kündigte er eine Volksbefragung an.

Eine Umfrage dazu ergab, dass seine Kernwähler, die von rechts außen, noch immer strikt gegen zweisprachige Ortstafeln waren, vor allem im betroffenen, zweisprachigen Gebiet, während die Mehrheit der Kärntnerinnen und Kärntner im ganzen Land das Thema endlich gelöst haben wollte. Deshalb galt es, auch diese Gegner und Wähler, vorwiegend der älteren Generation, mit tauglichen Codes ins Boot zu holen.»Wollen Sie eine endgültige Lösung der Ortstafelfrage?«, fragten wir daher auf Plakaten. Wir waren sicher, die Kriegsgeneration damit erreichen zu können.

Eine Journalistin rief mich an und wollte wissen, ob mir klar sei, worauf ich mit der»endgültigen Lösung« anspiele. Ich hatte zu diesem Zeitpunkt längst gelernt, die Koketterie mit dem Nationalsozialismus als simples Marketinginstrument zu nutzen.

Es funktionierte, also war es gut, und da wir so wenig National-sozialisten waren wie der Sozialsprecher der Grünen, stand es auch nicht im Widerspruch zu meinen moralischen Ansprüchen an mich selbst. Ich verstand auch, warum auf dieses Marketing-instrument immer alle hereinfielen, dennoch wunderte es mich, mit welcher Beharrlichkeit sie es taten, und manchmal nervte mich ihr selbstgerechtes Getue dabei. »Selbstverständlich ist mir das klar«, sagte ich deshalb dieses Mal. »Ich bin ein guter Histo-riker.«

Bei der Volksbefragung sprach sich sodann als Ergebnis er-wartungsgemäß eine Mehrheit für die Lösung der Ortstafelfra-ge aus. Doch da es um ein im Staatsvertrag verankertes Gesetz ging, fand die entscheidende Sitzung im Parlament statt, und da machte die SPÖ einen neuerlichen Fehler. Sie wollte Haider die »endgültige Lösung der Ortstafelfrage« nicht gönnen, nachdem sie selbst jahrzehntelang daran gescheitert war, und blockierte bei der Abstimmung die nötige Zweidrittelmehrheit.

Für Haider hätte es nicht besser laufen können. Seinen ge-mäßigten Wählern hatte er gezeigt, dass er gerne in ihrem Sinn gehandelt hätte, seinen radikalen Wählern konnte er sagen, dass sie keine Veränderung zu befürchten hatten.

Während meiner Tour mit Haider durch alle diese Turbulen-zen fingen wir an, uns blind zu verstehen. Ich brauchte ihm manchmal nicht einmal mehr in die Augen zu sehen, um zu wis-sen, was er wollte und was zu tun war. So etwa, als er mit einem »Freistaat Kärnten«, also einer Loslösung des Bundeslandes von Österreich, kokettierte und zu einer Veranstaltung zum Thema lud. Die war ganz gut besucht, vor allem von Parteimitgliedern und –freunden. Mitten in die Veranstaltung hinein platzte eine Gruppe lärmender slowenischer Demonstranten, die für ihr gerechtfertigtes Anliegen eintrat. »Artikel 7, unser Recht!«, skandierten sie. Haider unterbrach seine Rede und wartete. Er wusste genau, was jetzt kommen würde. »Alle Kameras auf die Demonstranten«, gab ich der Bildregie durch, während ich schon zum Ort des Geschehens eilte. Das Saalpublikum konnte den Tumult nun auf den Großleinwänden sehen. Dann bat ich die Sicherheitsleute, sich Zeit zu lassen. Es war klar, wie die Sache für die Demonstranten ausgehen würde, und Aufruhr brachten immer Emotionen, die am Ende immer Haider für sich nutzte.

Haider wartete auf seinen Einsatz. Ohne sich umzudrehen wusste er, dass die gesamte Szenerie auf den Leinwänden zu sehen war. Als die Sicherheitsleute die Demonstranten gemächlich aus dem Saal geleiteten, hob er wieder das Mikrofon. Er brachte den Sager, den er immer in solchen Situationen brachte. »Wenn die demonstrieren können, können sie auch arbeiten, und das bringen wir ihnen auch noch bei.« Applaus und Jubel. Haider und ich brauchten keinen weiteren Blickwechsel mehr, um zu wissen, dass uns die Slowenenvertreter einen großen Gefallen getan hatten.

Seine Parteien, zuerst die FPÖ und dann das BZÖ, deren Programm immer nur ein diffuses Abbild wechselnder Stimmungen im Land blieben, waren Haider dabei ziemlich egal. Er sah sie lediglich als nötiges Vehikel zur Macht und zur eigenen Inszenierung. Der Parteiapparat selbst, und der Aufwand, den seine Erhaltung erforderte, nervten ihn.

Als im Jahr 2005 mit Heinz Christian Strache ein parteiinterner Herausforderer auf den Plan trat, bewies Haider diese Gleichgültigkeit gegenüber seiner Partei auch mit einer inzwischen historischen Reaktion. Er hatte zu diesem Zeitpunkt durch seine permanenten Bocksprünge innerhalb der Partei Stück für Stück an Macht verloren, und er wusste aus seiner eigenen Vergangenheit, dass ihn Strache an einer Schwachstelle bekämpfte. Haider hatte die FPÖ im Sinne von deren Verbreiterung immer weiter in die Mitte geführt und damit den rechten Flügel zunehmend sich selbst überlassen. Genau wie er selbst bei seiner Machtübernahme in der FPÖ 1986, wollte Strache sie jetzt über den rechten Flügel übernehmen.

Haider zögerte nicht lange. Er trennte sich einfach von dem alten Vehikel, um ein neues zu gründen, und ich konnte nicht erkennen, dass das bei ihm mit irgendeiner Form von Sentimentalität einhergegangen wäre. Er stellte einfach ein kaputtes Spielzeug ins Eck und holte sich ein neues.

Eines Tages rief er mich an und bestellte mich in sein Klagenfurter Haus. Als ich dort eintraf, fand ich ihn inmitten seiner engsten Vertrauten vor. Gernot Rumpold und Haiders politischer Weggefährte Martin Strutz waren da, seine Schwester Ursula Haubner, die damals der Bundespartei vorstand, und Kurt und Uwe Scheuch, die in Spittal an der Drau den größten und stimmenstärksten Bezirk Kärntens aufgebaut hatten und deshalb über die stärkste Hausmacht innerhalb der Partei verfügten.

Haider stellte mich vor vollendete Tatsachen. Die Runde hatte die Idee der Neugründung einer Partei erst bei diesem Treffen gehabt und auch gleich beschlossen. Es herrschte Euphorie. Die Farbe Orange stand bereits fest, denn sie war wegen der in der Ukraine stattfindenden »Orangen Revolution« gerade angesagt.

Bloß der Name der neuen Partei fehlte noch. Haider philosophierte in seinem Schaukelstuhl vor sich hin. »Irgendwie muss das Wort ›Bündnis‹ vorkommen«, sagte er mit Verweis auf das »Ulivo«-Bündnis des Romano Prodi in Italien. Mit den Händen versuchte er, eine Wortschöpfung aus der Luft zu zaubern.

»Zukunft muss auch drin sein. Irgendwas mit Zukunft!«, sagte er. Binnen weniger Minuten entstand der Name »Bündnis Zukunft Österreich«. BZÖ? Schon etwas sperrig, dachte ich.

»Was sagst du, Stefan?«, fragte mich Haider.

Ich wusste damals, eher noch am Beginn meiner Tätigkeit, nicht viel über die Zerwürfnisse zwischen Haider und Strache und gab den Partycrasher. »Ich halte das für einen schweren Fehler«, sagte ich. »Das wird nicht gut gehen.«

Haider verwies noch einmal auf Italien mit dessen vielen Parteiabspaltungen und Neugründungen, aber ich argumentierte, dass Österreich mit Italien nicht vergleichbar sei, weil es in Österreich eine andere politische Tradition mit einer stabilen Parteienlandschaft gab, ohne diese permanenten Abspaltungen und Neugründungen. Haider wurde nachdenklich, aber die Anderen steckten ihn wieder mit ihrer Euphorie an. Schließlich war klar, dass das BZÖ tatsächlich kommen würde. Ich resignierte. »Wenn ihr das so entschieden habt, trage ich es mit, weil ich immer loyal gegenüber dem Landeshauptmann bleibe. Für einen Fehler halte ich es aber weiterhin«, sagte ich.

Dieser Schnellschuss war für Haider ebenso typisch wie seine Emotionslosigkeit gegenüber der Partei. Eine seiner spektakulärsten Schnellschüsse war damals bereits Legende in den höheren Parteikreisen. In den Neunzigerjahren verkündete er in einer Sendung des ORF die Gründung einer eigenen Gewerkschaftsbewegung. Während die Medien und Politiker an den neusten, von langer Hand geplanten Coup Haiders glaubten, saßen seine engsten Mitstreiter inklusive Gernot Rumpold überrascht im Zimmer nebenan dem Studio vor dem Fernseher. Sie hatten Haiders neuesten Pläne ebenfalls gerade erst erfahren. Als sie ihn nach der Sendung entgeistert darauf ansprachen, zuckte er mit den Schultern. »Das ist mir spontan eingefallen. Überlegt's euch halt was.« Wenige Wochen später gründete die FPÖ die Arbeitnehmer-Vertretung »AUF«. Sie existiert bis heute.

So gut sich Haider auf jeden Auftritt bei einem Zeltfest vorbereitet, so schlecht bereitete er wesentliche politische Projekte vor. Fragen nach rechtlichen Aspekten oder der Parteifinanzierung stellte beim BZÖ einfach niemand. Es gebe keinen gemeinsamen Weg mit Strache, meinten Haider und seine Mitstreiter. Alles andere würde sich finden.

Bei der Präsentation des BZÖ bei einer Pressekonferenz am 4. April 2005 in Wien wussten wir alle im Grunde noch nicht viel mehr über die neue Partei, als dass Haider ihr Chef sein und wir weiterhin für ihn arbeiten würden. Die Fernsehbilder, die halb Österreich sah, zeigten Haider, wie er an einem weißen Tuch zog und das Logo enthüllte. Es war ausgesprochen hässlich. Es sah aus wie ein Überbleibsel aus den Siebzigerjahren.

Ich kannte Haider längst gut genug, um in seiner Mimik unterdrückte Überraschung lesen zu können. Während die Journalisten und das Fernsehpublikum dachten, Zeugen einer gut vorbereiteten historischen Wende in Österreichs Parteienlandschaft zu werden, wusste ich, dass Haider bis dahin noch nicht einmal Zeit gehabt hatte, sich das Logo selbst richtig anzusehen.

Die meisten Funktionäre erfuhren erst aus den Medien, dass sie einer neuen Partei angehörten. Zu unserem Glück reagierten einige bemerkenswert geistesgegenwärtig. So etwa der Geschäftsführer der Kärntner Landespartei, der wusste, dass der Mietvertrag für die Landesparteizentrale auf die FPÖ lief, was bedeutete, dass uns Straches Leute einfach hinauswerfen und alle Computer und Unterlagen behalten hätten können. Während die Pressekonferenz über die Parteigründung noch lief, rief er den

Vermieter an und ließ den Vertrag auf seinen eigenen Namen umschreiben. Als Straches Leute Minuten später anrückten, um alles zu übernehmen, hielt er ihnen den neuen Mietvertrag unter die Nase und wies ihnen die Tür. Doch nicht überall lief der Wechsel so glimpflich ab. In anderen Landesorganisationen tauschten Haider- und Strache-Leute Schlösser aus und sperrten sich gegenseitig aus.

Haider hatte wieder einmal eine Idee nicht richtig zu Ende gedacht, eine Einsicht, die ihn bei den ersten beiden Landtagswahlen nach der Abspaltung, in der Steiermark und in Wien, einholte. Es wurden bittere Niederlagen. Das BZÖ schaffte gerade einmal 1,72 Prozent in der Steiermark und 1,15 Prozent in Wien. Wieder einmal schrieben die Kommentatoren, dass Haider am Ende sei.

Am Wahlsonntag der Wien-Wahl saß er in seinem Büro in der Kärntner Landesregierung. Außer seinem Büroleiter und mir war niemand da. Der leere Raum war bis auf den schwachen Lichtkegel der Schreibtischlampe völlig dunkel. Von der Euphorie aus den Gründungsstunden des BZÖ war nichts mehr übrig. Haiders Stimmung war depressiv. Es war ein Bild, das ich nie wieder vergessen sollte.

Der Vergleich mit Sisyphos, den so viele für Haider anwandten, drängte sich einmal mehr auf. An jedem Höhepunkt seines Schaffens zerstörte er immer alles wieder. Es war ein Charakterzug von ihm, und er fand auch einen gewissen Kick darin. Er war wie ein Kind am Strand, das mühsam eine Sandburg baute, um sie dann lachend mit Händen und Füßen wieder zu zerstören. Doch Teil dieses Charakterzuges war auch, dass er immer wieder zurückkam.

Haiders letzte Geheimnisse

Meine Karriere verlief auch nach meiner raschen Bestellung zu Haiders Pressesprecher weiter steil. Im Juni 2006 rief mich Haider an, um mich zu einer Besprechung in das Hotel »Moser Verdino« zu bitten. Immer wenn ein eigener Termin notwendig war, obwohl wir ohnehin in ständigem telefonischem oder persönlichem Kontakt waren, wusste ich, es musste wichtig sein. Kaum hatten wir in dem Hotelcafé Platz genommen, kam er zum Thema. »Ich habe beschlossen, dass du geschäftsführender Landesparteiobmann wirst«, erklärte er. Er hatte nach der Abspaltung von der FPÖ und der Gründung des BZÖ eingesehen, dass sich jemand um den Parteiapparat kümmern musste, und wenn es ihn schon nicht interessierte, musste eben ich das tun. »Wir haben den Apparat viel zu sehr vernachlässigt«, sagte er. »Ich brauche jemanden, der die Partei in Kärnten wieder in Schwung bringt. Darum kümmerst du dich in Zukunft.«

Als ich den Job als sein Pressesprecher übernommen hatte, hatte ich einen Teil meiner Zweifel mit dem Argument zerstreut, nicht bei der Partei direkt, sondern beim Land angestellt zu sein. Mir war klar gewesen, dass das nicht so leicht zu trennen war, doch mir hatte es gereicht.

Mein Arbeitspensum war bereits jetzt enorm. Am Anfang hatte ich kaum einen Kärntner Journalisten gekannt, doch inzwischen trug ich die gesamte Kommunikationsverantwortung für die Partei, die Regierungsspitze und den Landtagsklub. Jede Aussendung und der Inhalt jeder Pressekonferenz ging über meinen Tisch.

Es kam regelmäßig vor, dass mich am Sonntagmorgen Haider mit einem Anruf weckte. Seine Stimme klang immer beinahe vorwurfsvoll, wenn er mich fragte, ob ich etwa noch schlafe. »Nein, gar nicht«, sagte ich dann immer eilig, während er mir in meine Schlaftrunkenheit hinein schon die nächste dringliche Aufgabe diktierte.

Und jetzt geschäftsführender Landesparteiobmann, eine Funktion, bei der ich nicht einmal mehr für mich die Trennlinie zwischen der Partei und mir ziehen können würde? »Das mache ich sicher nicht«, sagte ich, nachdem ich mich vom ersten Schreck erholt hatte. »Ich habe immer gesagt, dass ich gerne Pressesprecher bin, gerne im Hintergrund agiere. Ich möchte nicht in die erste Reihe. Da gehöre ich nicht hin. Das weißt du.«

Haider fing zu schimpfen an. Er wurde richtig wütend. »Du lehnst immer alles ab«, sagte er. »Ich verstehe das nicht. Ein Mensch muss auch einmal bereit sein, Verantwortung zu übernehmen. Du machst das jetzt, denn ich brauche in der Position jemanden, dem ich vertrauen kann.«

Er redete im »Moser Verdino« so lange auf mich ein, bis ich mich nichts mehr zu entgegnen wagte. Ich verzichtete auf meine innere Pufferzone, die ohnedies nur Illusion gewesen war. Einmal Haider, immer Haider – das war vermutlich ohnedies nun längst mein Schicksal. Von nun an war ich eben offiziell Politiker.

Mir war klar, was Haider in dieser Rolle von mir erwartete. Er brauchte einen »Mann fürs Grobe«, den früher Gernot Rumpold gegeben hatte. Haider brauchte jemanden, der die Schmutzarbeit erledigte. Der wie sein Kettenhund agierte. Der seine Gegner in einem Ton angriff, der eines Landeshauptmann unwürdig gewesen wäre.

So ernst, dass er sich bei meiner Bestellung an die Statuten gehalten hätte, nahm Haider die Partei dann aber nach wie vor nicht. Die Bestellung eines geschäftsführenden Landespartei-obmanns hätte Wahlen anlässlich eines Landesparteitages er-fordert. Doch niemand hatte ein Problem mit Haiders einsamer Entscheidung, als er sie im Landesparteivorstand verkündete. Alle waren daran gewöhnt. Ich war es einfach. Weil Haider es wollte. Das reichte.

Die Sitzungen des Landesparteivorstandes fanden jeden Mon-tag im Sitzungssaal des Landtagsklubs statt, und zwar um acht Uhr morgens. Niemand von uns konnte sich über die frühe Stun-de beschweren, die Haider festgelegt hatte, denn er arbeitete von uns allen auch an den Wochenenden das dichteste Pensum ab.

Von jetzt an kläffte ich jeden politischen Gegner Haiders an, der mir unterkam. Nachdem Gabriele Schaunig-Kandut Peter Ambrozy als SPÖ-Parteiobmann ablöste und die Koalition mit Haider aufkündigte, war sie eine Weile das Hauptziel meiner An-griffe. Sie grenzten an politisches Mobbing. Zum Beispiel trug ich als Kommunikations-Chef der gesamten Partei auf, sie wei-terhin Gabriele Schaunig-Kandut zu nennen, obwohl ihr die SPÖ aus Marketinggründen den weniger sperrigen Namen »Gaby Schaunig« verpasste. Ich fand, dass ihr Doppelname unsympa-thischer klang.

Mit dem Einverständnis Haiders schreckte ich nicht einmal davor zurück, ihre Familie mit in die Auseinandersetzung zu zie-hen. So kritisierte Schaunig die Seebühne, ein Prestigeprojekt Haiders, als Steuergeldverschwendung, was mich dazu veranlass-te, ihr im Gegenzug vorzuwerfen, ihr Mann würde Geschäfte mit der Bühne machen. »Sie kritisiert, er kassiert«, verkündete ich. Die Vorwürfe stellten sich später als falsch heraus. Ein Prozess in der Sache ging gegen uns aus. Zu diesem Zeitpunkt war uns das aber längst egal. Der Vorwurf hatte seine Wirkung längst getan.

Ihrer ungewöhnlichen Stimme wegen bezeichnete ich sie als »rote Quak-Ente«, ein Begriff, der in der Bevölkerung hängen blieb. Unser erklärtes Ziel war es, Schaunig als Anwärterin auf den Posten der Landeshauptfrau politisch fertig zu machen und ihr Image zu ruinieren.

Im Juli 2008 gab sie überraschend ihren Rückzug aus der Politik und somit auch ihren Rücktritt als Landesparteichefin der SPÖ Kärnten und Landeshauptmannstellvertreterin bekannt. Als Hauptmotiv dafür nannte sie in einer Pressekonferenz Jörg Haider. Durch ihn hätte eine »politische Unkultur« Einzug gehalten, weshalb sie nicht mehr bereit sei, »in der Umgebung Jörg Haiders und seines Umfeldes« tätig zu sein.

Letzter Anstoß für ihren Rücktritt war ein Eklat vor Beginn einer Sitzung der Landesregierung. Als Sozialreferentin hatte Schaunig-Kandut eine Förderung für ein Heim für beeinträchtigte Kinder gestrichen. Der erboste Heimleiter hatte 750 Unterschriften für die Erhaltung des Heims gesammelt und war mit Eltern und Kindern samt Bürgermeister in die Landesregierung gekommen, um sie der Regierungsspitze zu übergeben. Als die Übergabe eigentlich schon zu Ende war, gab mir Haider einen Wink und ich wusste, was ich zu tun hatte. »Halte mal die Kamera drauf, da geht`s gleich ab«, sagte ich zum ORF-Mann.

Mit voller Absicht zettelte Haider nun einen Streit mit Schaunig-Kandut an. »Sie haben das Geld gestrichen und ich halte das wirklich für eine Provokation den Mitarbeiterinnen und Mitarbeitern und den Schülern gegenüber«, fuhr er sie an.

Sie hatte mitbekommen, dass die Kamera lief und wehrte sich. Sie saß in der Falle. »Sie werden einfach das zahlen müssen, was Sie immer gezahlt haben«, setzte Haider nach. »Hören Sie nicht, dass die Menschen kein Vertrauen mehr zu Ihnen haben?«

Am Nachmittag desselben Tages sagte sie die gestrichene Förderung wieder zu. Haider hatte gleich doppelt gewonnen. Er konnte sich einmal mehr als Robin Hood feiern lassen, und halb Kärnten hatte in den abendlichen TV-Landesnachrichten gesehen, wie er die Frau, die Landeshauptfrau werden wollte, abqualifiziert hatte.

Ihren Rücktritt feierten wir wie einen Sieg, dessen schalen Beigeschmack ich nicht an mich heran ließ. Wenn sich jemand mit politischen Grenzgängern wie uns, die der Rest des politischen Österreichs ächtete, anlegte, musste er wissen, worauf er sich einließ, fand ich. Meinen Respekt hatte sie trotzdem. »Ich weiß, dass Sie, was Sie gegen mich tun, nicht tun, weil Sie es wollen, sondern weil Sie es müssen«, sagte sie einmal zu mir. Im Unterschied zu vielen Kommentatoren, die unsere Kampagnen gegen sie verurteilen, hatte sie verstanden, dass es nicht um sie als Person ging, sondern um das Amt, das sie anstrebte.

Zu meinen Aufgaben als Landesparteiobmann gehörte es auch, die Ortsgruppen und Bezirksparteien zu besuchen. Auf besonders viel Euphorie stieß ich dort anfangs nicht. Ich war zu jung, zu unerfahren und passte von meinem Aussehen und meinem Gehabe so gar nicht in das Kärntner Klischee aus Trachten-Anzügen, Chören und Blasmusik.

Als ich zum ersten Mal in meiner neuen Rolle bei einer Bezirksparteiversammlung auftrat, herrschte eisernes Schweigen. Den Kärntner Funktionären vom Land passte mein Auftreten nicht. Mit harter Überzeugungsarbeit kam ich schließlich halbwegs an, doch meine Aufgabe dort blieb schwer. Denn die Funktionäre für Haiders immer neue Anliegen zu motivieren, war mühsam. Obwohl er den Parteiapparat geringschätzte, forderte er ihn unentwegt, indem er Unterschriftenaktionen oder Petitionen startete. Wenn es zum Beispiel galt, die für eine Volksbefragung erforderlichen 15.000 Unterschriften zu sammeln, mussten die ehrenamtlich tätigen Funktionäre am Schluss um jede einzelne kämpfen. Hatten sie endlich alle beisammen, bedeutete das noch längst kein Erfolgserlebnis für sie. Denn es hieß nicht, dass die Befragung auch kam. Die Gefühlslage und damit Haiders Taktik in der betreffenden Sache konnte sich inzwischen geändert haben, oder die politischen Rahmenbedingungen waren andere geworden. Für die Funktionäre war ihre Arbeit damit nicht nur unbezahlt, sondern auch umsonst gewesen.

Haider gegenüber hätte es keiner gewagt, seinen Unmut zu äußern. Ich hingegen bekam ihn sehr wohl zu spüren. Doch bald wusste ich, wie ich mit solchen Situationen umzugehen hatte. Ich verwies dann etwa darauf, dass Unterschriften eine gewisse Gültigkeitsdauer hätten, bis zu der ein Antrag auf die betreffende Volksabstimmung noch gestellt werden könne. Bis die um war, würden die meisten Funktionäre die Sache längst schon wieder vergessen haben.

Die Events, die ich nun für Haider entwickelte, organisierte und vermarktete, wurden immer spektakulärer. Einmal kam Haider auf die Idee, Kärnten Unternehmen im In- und Ausland als Wirtschaftsstandort ans Herz zu legen, was in einem Auftritt mündete, mit dem er einmal mehr vor allem sich selbst den Wählern ans Herz legte. »Wir bauen das moderne Kärnten« lautete der Slogan der Veranstaltung, die im Stil eines Popkonzerts, natürlich mit Haider als Star, in einer Fabrik in St. Veit an der Glan stattfand. Gleich mehrere Fabrikshallen wurden für die Veranstaltung geräumt und auf Hochglanz gebracht. In die erste Halle wurde ein Labyrinth gebaut, durch das die Besucher mit einer künstlichen Klangkulisse aus Hammerschlägen und Bohrgeräuschen in die Haupthalle gelangten. Dort ließ ich auf der Bühne Ziegelmauern errichten und, als mir der graue Bühnenboden nicht gefiel, wieder abreißen, um einen weißen Bühnenboden aus Deutschland heranschaffen und die Ziegelmauern aufs Neue aufbauen zu lassen. Der Bühnentechniker, den wir bei allen Events einsetzten, wurde durch uns wahrscheinlich Millionär. In einer dritten Halle entstand ein »Kulinarik-Dorf« mit Spezialitäten aus allen Kärntner Regionen. »Das war eine der besten Veranstaltungen, die wir je hatten«, strahlte Haider nach Ende des Events.

Ich wusste, dass er umso glücklicher war, je aufwendiger so ein Event war. Dass alleine dieser eine Abend rund 100.000 Euro an Steuergeldern gekostet hatte, interessierte ihn nicht, und die kommenden Events wurden nur noch größer. Schließlich grenzten sie an Gigantomanie, mit schwebenden Bühnenelementen, jeder Menge Pyrotechnik und eigens eingeflogenen Künstlern. Der Landesgeschäftsführer wusste manchmal nicht, wie wir all das bezahlen sollten. Die Parteikassen waren immer leer.

Gleichzeitig setzte ich die besonders für den österreichischen Rechtspopulismus typischen nationalsozialistischen Akzente immer skrupelloser ein. Zum Beispiel, als es Silvester 2007 in Kärntens zweitgrößter Stadt Villach zu einer Massenschlägerei zwischen Asylwerbern kam und wir jene Anti-Ausländer-Kampagne starteten, die das Monatsmagazin der Menschenrechtsorganisation »SOS Mitmensch« noch sieben Jahre danach, im Jahr 2015, als niederträchtigste in der Geschichte der Zweiten Republik bezeichnete.

Es hatte in Villach schon zuvor Probleme mit Asylwerbern, vor allem mit Tschetschenen, gegeben. Normalerweise achteten die Flüchtlingsbetreuer darauf, die Flüchtlinge nach Nationalitäten intelligent aufzuteilen, um Konfliktherde zu vermeiden. Doch hier war einiges schief gelaufen, und dann fiel auch noch ein harmloser Kärntner Jugendlicher als unbeteiligtes Prügelopfer des Aufruhrs ins Koma.

Die Tschetschenen, als Flüchtlinge ohnedies in einer Ausnahmesituation, waren dann auch noch in schlechte Betreuungsstrukturen geraten. Nach einer Sozialisierung in ihrem Heimatland mit einem Übermaß an Gewalt lag ihre Schwelle zu deren Einsatz niedrig. Zudem waren die an dem Aufruhr beteiligten Tschetschenen Jugendliche und somit in einem Alter, in dem Menschen jeder Herkunft eine Affinität zur Eskalation haben. Sachpolitisch richtig wäre es also gewesen, die Ermittlungen der Polizei abzuwarten, der Justiz das Urteil zu überlassen, und dafür zu sorgen, dass in Zukunft nicht noch einmal verfeindete Bevölkerungsgruppen aufeinander prallen konnten.

Doch im Handlungsspektrum eines rechtspopulistischen Spin-Doktors gab es für dieses Vorgehen keinen Raum. Sachpolitisch richtig zu handeln gehörte nicht zu meinem Aufgabenbereich. Skrupel waren menschlich und in Ordnung, aber sie waren Privatsache, und Dinge wie Deeskalation war die Aufgabe der anderen Parteien, nicht unsere. Schließlich machten wir unser politisches Geschäft nicht mit unseren eigenen Emotionen, sondern mit denen unserer Wähler, und die gingen endgültig hoch, als die Ärzte bei dem im Koma liegenden Jugendlichen bleibende Schäden prognostizierten.

Wir griffen die Situation sofort auf, schlachteten sie medial aus und stellten die tschetschenischen Jugendlichen pauschal an den Pranger. Haider beschloss, die mutmaßlich beteiligten Tschetschenen mitsamt ihren Familien aus Kärnten abzuschieben und in einem Bus ins niederösterreichische Flüchtlingslager

Traiskirchen bringen zu lassen. Dass die Regierung in Wien das ablehnte, war ihm egal. Es machte die Sache für ihn eher noch reizvoller. Er konnte einmal mehr zeigen, wie er sich für die Interessen seiner Kärntner sogar mit den Mächtigen im Staat anlegte.

Ich bat den zuständigen Leiter der Flüchtlingsabteilung des Landes Kärnten, bei der Abschiebung vor Ort sein zu können. Ich wollte sichergehen, dass alles einigermaßen menschlich ablief.

Doch die Odyssee dieser Menschen fing mit der Abschiebung erst an. Die Lagerleitung in Traiskirchen schickte sie, als sie nachts dort ankamen, prompt zurück nach Kärnten. Womit die Regierung in Wien Haider eine neue Bühne geschaffen hatte, auf der er für lange Zeit auftreten können würde. »Kärnten wird tschetschenenfrei«, lautete der Slogan der Aktion, die ich am nächsten Tag entwarf.

Die Empörung über diese neuerliche Anspielung setzte prompt ein. Die Grünen kündigten eine Anzeige wegen Wiederbetätigung und Verhetzung an.

Das Monatsmagazin der Menschenrechtsorganisation »sos Mitmensch« schilderte die Abschiebung nach Traiskirchen anhand des Tschetschenen Alik Schamarow, 49, der mit seiner Frau und seinen drei Kindern am Küchentisch saß und sich darauf freute, nächsten Mittwoch einen Job als Hilfsarbeiter in einer Villacher Fleischerei anzutreten. Schamarow, dessen Name die Redaktion geändert hatte, sei nach Österreich gekommen, weil er daheim, wo Folter-Präsident Ramsan Kadyrow die Häuser seiner Gegner niederbrennen und ihre Familien einsperren ließ, nicht mehr sicher gewesen sei. Er freut sich laut dem Bericht darauf, seiner Familie endlich ein halbwegs normales Leben bieten zu können, als der Betreiber der Unterkunft anklopfte und sie alle vor die Tür setzte.

Schamarow begriff demnach, dass es um die Silvesterschlägerei ging, und fragte am nächsten Tag nach, ob sein 17-Jähriger Sohn Adam daran beteiligt war. Nein, hieß es. Adam, der gerade an der Abendschule seinen Hauptschulabschluss nachholte, sei unschuldig. Trotzdem standen am Nachmittag Uniformierte an der Tür der Schamarows und schafften sie mit drei weiteren tschetschenischen Familien aus dem Bundesland.

Es sei eine regelrechte Vertreibung gewesen, die später eine Menschenrechtsanwältin, Nadja Lorenz, auch zur Menschenrechtsverletzung erklären habe lassen, schrieb das Blatt. Besonders scharf kritisierte es einen mit Regierungs-Emblem versehenen Brief, den Haider und ich an 45.000 Haushalte schickten, und mit dem wir uns nicht einmal von Selbstjustiz durch Bürger abgegrenzt hätten. Haider fordert in dem Brief die Bevölkerung auf, verdächtige Tschetschenen bei einer eigenen Hotline zu melden, »damit ich deren sofortige Abschiebung veranlassen kann«. »Als gäbe es keinen Rechtsstaat«, schrieb das Blatt. In den folgenden Tagen seien tschetschenische Frauen auf offener Straße angespuckt worden.

Das Magazin schrieb von einer »ethnischen Säuberung« und betonte den negativen Vorbildcharakter der Aktion.

Gegen Ende des Artikels ging das Blatt noch auf einen Unterschied zwischen mir als Mensch und mir als Politiker ein, den ich in einigen Interviews in den Raum gestellt hatte, samt dem Zusatz, dass ich heute manches anders machen würde. Das klinge so sehr nach ›habe nur meine Pflicht getan‹, dass man sich beschämt abwenden wolle, hieß es.

Haider hatte bei unserer Tschetschenen-Kampagne keine Skrupel. Mit ihm über die Frage der Menschlichkeit und die Angemessenheit der Mittel zu sprechen, hätte keinen Sinn gehabt.

Er war da hart. Er hatte persönlich kein Problem im Umgang mit Ausländern und wäre genauso wenig wie ich je auf die Idee gekommen, Menschen nach ihrer Herkunft, ihrer Hautfarbe oder ihrer Religionszugehörigkeit zu qualifizieren. Doch Tschetschenen waren es, die einen Österreicher, einen jungen Mann, der ihnen nichts getan hatte, ins Koma geprügelt und sein Leben zerstört hatten. Das forderte klare und eindeutige Signale, sowohl an alle anderen Tschetschenen und in Kärnten untergebrachten Asylwerber, als auch an alle Kärntner: Ich sorge dafür, dass so etwas nie wieder passiert, auch wenn mich ein paar Linke, Grüne oder Christlich Konservative dafür beschimpfen.

Zwar konnten ihn Einzelschicksale von Kärntnern wie gesagt rühren, doch gegen Stimmungsmache seiner politischen Gegner mit Einzelschicksalen der Tschetschenen, die schon damals in den Medien kursierten, war er immun. Besonders dann, wenn ihn so ein Bericht auf einer vordergründigen inhaltlichen und einer subtilen sprachlichen Ebene nationalsozialistischer Machenschaften bezichtigte.

Als ich den oben zitierten Artikel 2015 las, erinnerte ich mich noch einmal daran, wie es war, als ich auf Vermittlung des zuständigen Beamten für Flüchtlingswesen bei der Abschiebung der Tschetschenen nach Traiskirchen vor Ort war. Ich sah damals verängstigte Menschen, die ihr weniges Hab und Gut in Einkaufstaschen bei sich trugen, in kahlen Gängen stehen und warten. Sie wussten offensichtlich nicht, was mit ihnen geschah und warum sie dermaßen im Rampenlicht standen.

Es stimmt, dass ich anders handeln würde, wenn ich heute noch einmal in die gleiche Situation käme. Aber nicht wegen irgendeiner Form der Läuterung, sondern weil ich glaube, dass sich in diesem Bereich die Grenzen verschoben haben. Die Menschen sind gegenüber dem Tun von Politikern viel kritischer und sensibler geworden. Die harte Kampagne, die Haider und ich damals fuhren, würden sie heute wahrscheinlich eher als abschreckend empfinden. Wenn ich damit richtig liege, würde auch Haider, der ein untrügliches Gefühl für solche Grenzverschiebungen hatte, anders vorgehen. Wir würden die Geschmacksgrenze neu verorten und uns dann wieder an sie herantasten.

Es stimmt auch, dass ich zwischen meiner Rolle als Spin-Doktor und als Mensch unterschied und weiter unterscheiden würde. Als Spin-Doktor könnte ich nur sagen: Die Verschiebung der Geschmacksgrenzen in Ausländerfragen ist eine wichtige Aufgabe, aber keine, die innerhalb des politischen Biotops den Rechtspopulisten zufällt. Als Mensch kann ich nur sagen: Ich wäre glücklich, wenn die Grenze schon so weit verschoben wäre, dass rechtspopulistische Parteien statt an die Fremdenangst zum Beispiel an Gefühle wie Hilfsbereitschaft appellieren müssten.

Ein innerer Konflikt tut sich durch diese Trennung zwischen politischem und privatem Mensch nicht für mich auf. Ich war und bin wie gesagt überzeugt, dass Rechtspopulisten ein natürlicher Bestandteil eines gesunden politischen Biotops sind. Doch Sachpolitik und Deeskalation gehören nun einmal ebenso wenig zu ihren Aufgaben, wie das Stellen der Weichen zu denen eines Lokfahrers.

Unsere Grenzgänge, die Kritik, die wir dafür ernteten, und der Applaus, den wir dafür bekamen, schweißte Haider und mich weiter zusammen. Ich wusste inzwischen alles über ihn, oder glaubte es zumindest zu wissen. Auch wenn Haider mehr als einmal meinte, dass es besser für mich wäre, wenn ich manches nicht erführe. Ich kannte auch seine Geheimnisse aus der Zeit, bevor wir uns kennengelernt hatten. Ich kannte zum Beispiel die Wahrheit über Haiders Konten in Liechtenstein, über die in- und ausländische Medien immer wieder spekuliert hatten.

Bevor mir Haider alles darüber erzählte, hatte ich in Parteikreisen immer wieder kryptische Andeutungen über Gelder im Ausland gehört, die auf mysteriöse Weise verschwunden sein sollten. Ein ehemaliger Vertrauter Haiders hatte den Gerüchten zufolge damit zu tun gehabt. Ich hatte mir vorgenommen, Haider bei Gelegenheit danach zu fragen.

Diese Gelegenheit bot sich, als ich an einem Dezembertag sein Büro betrat und er gerade Weihnachtsgrüße schrieb. Ich setzte mich neben ihn, während er weiter jede Karte eigenhändig mit einer seiner Füllfedern unterschrieb. Bei Menschen, die ihm wichtig waren, schrieb er ein paar persönliche Worte dazu. Ich sah, wie er die Karte an jenen ehemaligen Vertrauten nahm. »Dein Jörg«, schrieb er. »P.S.: Wo bist du? Melde dich mal!«

»Was hat es mit dem auf sich?«, fragte ich.

»Er ist verschwunden«, sagte er.

»Warum?«

»Das weiß ich nicht.«

Haider erzählte mir, dass er in der Zeit vor dem Verschwinden dieses Vertrauten Geld zur Seite gelegt hatte. Es stammte von vermögenden privaten Sponsoren und Gönnern, die Haider aus strategischen Interessen förderten, aber kein Interesse daran hatten, öffentlich mit ihm in Zusammenhang gebracht zu werden. Das Gesetz zur Parteienförderung ließ das damals noch zu.

Haider legte das Geld auf ein Konto in Liechtenstein. Er nannte es mir gegenüber den »Notgroschen« für die Partei. Der Notgroschen war allerdings hoch dotiert. Es handelte sich um einen zweistelligen Millionenbetrag in Schilling.

Sollten sich die politischen Ereignisse überschlagen und er gezwungen sein, eine neue Partei zu gründen, sollte es ihm als Startkapital dienen, so seine Überlegung. Er war überzeugt, dass die SPÖ und die ÖVP bereit wären, ihn wirtschaftlich zu vernichten, wenn sie die Chance dazu bekämen, und er misstraute den österreichischen Banken. Er glaubte, dass sie am Gängelband der Macht lagen und sich notfalls gegen ihn instrumentalisieren lassen und sämtliche Konten sperren würden. Darum lagen die Gelder in Liechtenstein, wo keine österreichische Bank Zugriff darauf hatte.

Hatte er einen Termin in Vorarlberg oder Tirol, fuhren wenige Eingeweihte mit den jeweils eingesammelten Beträgen über die Grenze und zahlten sie in Liechtenstein in bar ein. Ich fragte Haider nicht, ob auch Gelder aus illegalen Quellen dabei gewesen waren. Ich fragte ihn bloß, wer darauf Zugriff gehabt hatte. »Nur ich«, sagte er, »und er.« Dabei tippte er auf die Weihnachtskarte, die noch immer vor ihm auf dem Tisch lag.

Eines Tages sei dieser Vertraute ganz geknickt in sein Büro gekommen und habe ihm unter Tränen erklärt, dass mit dem Geld etwas schief gegangen sei. Er habe es in hochspekulativen Aktienfonds investiert, um es zu vermehren, doch nun sei alles weg. Damit sei er aus dem Büro verschwunden und weder er noch irgendjemand anderer aus der Partei hätten ihn je wieder gesehen.

»Das hast du ihm geglaubt?«, fragte ich.

»Ich versuche seither immer wieder, Kontakt zu ihm aufzunehmen«, sagte er.

Sein ehemaliger Vertrauter hatte allerdings seinen Hauptwohnsitz in Österreich aufgegeben und war schwer aufzuspüren gewesen, so die Darstellung Haiders, die ich nie überprüft habe und die aus Sicht dieses Mitarbeiters unrichtig sein kann. Er habe bloß erfahren, dass der Mann einmal da und einmal dort absteige und für niemanden richtig greifbar sei. Es war nie zu einem klärenden Gespräch zwischen den beiden gekommen.

Ich zeigte auf die Weihnachtskarte. »Wohin schickst du die?«, fragte ich.

Haider wedelte damit in der Luft herum. »An eine Adresse in Villach«, sagte er. »Angeblich hat er sich dort ein paar Mal aufgehalten.«

»Du hast nie etwas unternommen?«, sagte ich.

»Was hätte ich tun sollen?«

Ich wusste, dass er recht hatte. Das Geld von den Liechtenstein-Konten war um die Jahrtausendwende verschwunden, als der Posten des Bundeskanzlers für ihn noch eine realistische Option gewesen war. Haider hatte die Sache schon deshalb lieber geheim gehalten. Wenn die Justiz ermittelte, konnte er nur verlieren. Liechtenstein-Konten allein waren schon ein Garant für Skandal-Berichterstattung, dazu kamen die fragwürdige Quellen des Geldes und der, wenn womöglich auch unbegründete, Verdacht der Unterschlagung durch einen seiner früheren Vertrauten. Nüchtern betrachtet war es für ihn tatsächlich die bessere Option gewesen, das Geld abzuschreiben. Hatte wirklich der ehemalige Vertraute das Geld genommen, wofür ich keine Belege habe, war es aus dessen Sicht vermutlich ein genialer Coup. Ein paar Millionen Euro für eine einzige kriminelle Idee, die funktioniert hatte.

Ich kannte auch die Wahrheit über Muammar al-Gaddafis Parteispenden, die Haiders Leute in offiziellen Stellungsnahmen stets dementierten. Tatsächlich hatte Haider genau wie andere europäische Politiker Spenden von Gaddafi erhalten, und zwar mehrmals. Der libysche Diktator gab Haider bei dessen Besuchen ein Geschenk mit. Es waren jeweils 150.000 bis 200.000 Dollar in bar, die Haider auch annahm.

Beim Rückflug hatten Haider und seine Leute das Geld in Plastik eingeschweißt, frisch aus der libyschen Nationalbank, dabei. Zurück in Österreich ging es jeweils darum, das Geld zu wechseln, wurde mir erzählt. Jeden Betrag ab 10.000 überschritt, hätten Haiders Leute deklarieren müssen. Sie mussten die Beträge deshalb in Pakete zu je 9.900 Euro teilen und damit Bankfilialen abklappern. Die Wechselspesen explodierten auf die Art zwar, aber die Herkunft des Geldes zu deklarieren ging nicht.

Unter den Geheimnissen Haiders gab es auch ein kurioses. Haider besaß eine Ölquelle im Irak. Saddam Hussein hatte sie ihm geschenkt.

Haider hatte Saddam Hussein zweimal besucht. Wie er in seinem Buch, dessen Präsentation an der Klagenfurter Uni ich einst organisiert hatte, beschrieb, konnte er nie sicher sein, ob er tatsächlich Hussein oder einen seiner Doppelgänger traf. Der Diktator hatte wegen mehrerer Attentatsversuche eine ganze Schar von Doppelgängern. Einige davon hatte Hussein sogar gezwungen, sich operieren zu lassen, damit sie ihm noch ähnlicher sahen.

Damals war der Irak noch nicht Teil der »Achse des Bösen« geworden, doch die politischen Beziehungen zu den USA waren bereits eisig. Daher wechselte der Diktator häufig seinen Aufenthaltsort, immer darauf bedacht, ihn geheim zu halten. Husseins Sicherheitsleute verbanden Haider die Augen und brachten ihn bei fünfmaligem Wechsel des Wagens in einen von Husseins Palästen. Schließlich saß Haider Hussein gegenüber. Als Haider leger ein Bein überschlug, forderten ihn Wächter mit Stößen auf, dies zu unterlassen. Derlei galt im Irak als Unhöflichkeit. Als Diener ihm eine Zigarre von Saddam persönlich anboten, lehnte er dankend ab. Hussein lachte: »Meine Generäle haben früher auch nicht geraucht«, sagte er, was eine klare Aufforderung war, seiner Einladung besser Folge zu leisten. Also zündete Haider sich die Zigarre an, obwohl er sich davor ekelte.

Haider hatte ihm ein Gastgeschenk mitgebracht. Dafür wollte sich Hussein offenbar revanchieren. Er ließ Haider eine Urkunde aushändigen, auf der stand, dass er nun Besitzer einer im Norden des Landes gelegenen Ölquelle sei.

»Was hast du damit gemacht?«, fragte ich Haider, als er mir die Geschichte erzählte.

»Was hätte ich tun sollen?«, fragte er. »Ein Bohrkommando hinschicken?«

Mein Bild von Haiders Wesen war irgendwann dann komplett. Als Politiker war er im Prinzip eine triviale Figur, deren politische Inhalte in der Zeit, in der ich ihn zuerst aus der Ferne und schließlich aus nächster Nähe beobachtete, immer genau die gleichen blieben. Das Wettern gegen Proporz und Privilegien, die Ablehnung der EU und alles Fremden, der Kampf gegen die Mächtigen. Es war eine permanente Wiederholung, wie bei einem Popstar, der sein Leben lang die gleichen drei Hits bringt.

Der Unterschied lag jeweils nur in den Formulierungen, wobei ihm ein Talent half, das neben seiner Fähigkeit, sich Gesichter, Namen und Geschichten zu merken, sein zweites großes war. Sobald er einen Saal betrat, konnte er die Stimmung einfangen, weshalb er immer genau wusste, wie er seine Inhalte dieses Mal am besten anbringen konnte.

Er gab dabei, wie bei seiner Ochsentour, immer den Haider, den sein jeweiliges Publikum sehen wollte. Als geborener Verwandlungskünstler hatte er nicht zufällig ursprünglich vorgehabt, Schauspieler zu werden. Er wäre wohl in der Tat ein guter geworden, doch in der Politik wurde ihm seine Schauspielkunst in gewisser Weise auch zum Verhängnis. Denn er war immer der, den er spielte. Er gab jede Rolle so authentisch, dass er sich bisweilen selbst vergaß. Manchmal wusste er nicht mehr, ob er eine Maske trug oder nicht, und dieses wahre Ich, das er dann vergaß, passte gar nicht zu einem schillernden Volkstribun.

Haider war eher sensibel, etwas unsicher und eigentlich zurückgezogen, er hatte einen Hang zum Grübeln und wurde bei Stille nachdenklich und schwermütig. Dieses Ich vergaß Haider nur allzu gerne. Einige Kommentatoren meinten, er sei manisch-depressiv. Das war er nicht. Er war nicht krank, aber er hatte eine klassisch narzisstische Persönlichkeitsstruktur. Er brauchte die Bühne, um sich angekommen zu fühlen. Er war immer auf der Suche nach Bestätigung und Applaus. Wenn mehr als drei Tage lang nichts über ihn in den Zeitungen stand, wurde er missmutig. Es war ihm wichtig, möglichst die ganze Republik in seinen Bann zu ziehen. Er wollte Diskussionen auslösen und im Gespräch sein.

Meistens hatte er strategische Gründe dafür, etwa bevorstehende Wahlen, aber manchmal ging es auch einfach nur um sein unstillbares Bedürfnis nach Aufmerksamkeit. Ein zu verhaltener Applaus, Ablehnung oder gar Kritik trafen ihn. In dieser Hinsicht war er leicht verwundbar. Die Liebe der Massen und der Applaus als Zeichen der Zuneigung waren seine höchste Bestätigung. Danach war er süchtig. Medienschelte nahm er gerne in Kauf, wenn sie bedeutete, dass das Volk ihm umso mehr zustimmte.

Unter dem Strich war Haider ein Getriebener, der vor sich selbst davonlief und permanent in Unruhe war. Das war der Grund dafür, weshalb er als Landeshauptmann anfing, fast wöchentlich neue Projekte zu erfinden. Den Gratis-Kindergarten, das Babygeld, die Mütterpension, den erhöhten Heizkostenzuschuss oder die Billigdieseltankstellen.

Er warf mit Ideen um sich, seine Mitarbeiter hatten sie irgendwie umzusetzen, und die Verschuldung des Landes Kärntens war für ihn dabei ebenso zweitrangig wie die Frage, auf welche Weise die Kärntner Landesbank Hypo Alpe Adria, über die das Land manche seiner Projekte finanzierte, mit ihrem Risiko umging. Denn das war das zweite zentrale Erfolgsrezept Haiders, das sich wohl viele Rechtspopulisten zu eigen machen würden, kämen sie wie er an die Macht: Kaufe dir die Liebe deines Volkes mit seinem eigenen Geld, wenn du kannst. Notfalls auch mit Bargeld.

Die Kärntner sprachen von den goldenen Jahren. Brauchtumsvereine zum Beispiel schwammen auf einmal im Geld. Die Anzahl der Musikschüler stieg von 2.000 innerhalb kürzester Zeit auf 15.000. Im ganzen Bundesland entstanden Musikschulen.

Haider ging es um den populistischen Effekt seiner Maßnahmen, um die Liebe des Volkes, die ihm bei der Bekanntgabe zuteil wurde. Die Verantwortung gegenüber kommenden Generationen war für ihn zweitrangig, zumal er sie auch innerhalb der Bevölkerung eher als sozial erwünschten Reflex wahrnahm, und nicht als echtes Bedürfnis. »Wir sollten auch ein bisschen auf die kommenden Generationen schauen«, sagte ich einmal zu ihm.

Ich erinnere mich nicht einmal mehr daran, was er antwortete. Es war für ihn schlicht kein Thema. Auf kommende Generationen zu schauen hatte keinen populistisch nutzbringenden Effekt. Es würde die Liebe, die er bekam, nicht mehren, sondern, mangels dann verfügbarer Mittel, schmälern.

Seine politischen Einmaleffekte hatten teilweise hohe, in alle Zukunft anfallende jährliche Kosten. Für die neuen Musikschulen etwa musste das Land neue Lehrer einstellen. Die Finanzbeamten der Landesregierung hatten die qualvolle Aufgabe, alles zu finanzieren. Sie nützten alle denkbaren Instrumente, auch jene der EU, und schufen die wildesten Finanzkonstruktionen. Sie ließen Gelder zwischen Gesellschaften hin- und herfließen, gründeten eigene Gesellschaften oder lagerten Schulden einfach aus. Haider, der zur Sicherheit immer dafür sorgte, dass das Finanzreferat der Landesregierung in der Hand der FPÖ und später des BZÖ lag, verkaufte im großen Stil Landeseigentum, um an Geld zu kommen. Die Hypo Alpe Adria gehörte schließlich dazu, der Strom- und Erdgasanbieter Kelag und auch die Wohnbaudarlehen des Landes.

Haider spielte auch die Rolle des großzügigen Landesvaters und ganzjährigen Weihnachtsmann perfekt. Sie wurde zu seiner Lieblingsrolle, doch sie trug neben seinem fehlenden kaufmännischen Talent zu dem Stress bei, den er vor der Präsentation der Budgetzahlen machte. Es konnte gar nicht anders sein, als dass bei seinem unstillbaren Bedürfnis nach Liebe und seiner Strategie, sie zu bekommen, am Ende jedes Jahres unter dem Strich ein großes Minus stand. Das viele Material, das wir ihm besorgen mussten, diente auch dem Zweck, die Budgetzahlen zu beschönigen.

Seine Darstellung lief dann in etwa immer auf den gleichen Punkt hinaus. »Wir haben zwar höhere Schulden, aber es ist trotzdem alles gut. Wir haben demgegenüber ja auch neue Werte geschaffen.« Dabei stellte er dem enormen Schuldenberg einfach das gesamte Landeseigentum gegenüber. Inklusive Straßen, Immobilien, Gebäuden und der darin befindlichen Möbel. Haider wusste natürlich, dass diese Rechnung niemals aufgehen würde, weil zum Beispiel eine Landstraße unverkäuflich war. Doch Bedeutung, Höhe und auch mögliche Konsequenzen von ausufernden Landesschulden waren für die Menschen damals noch viel zu weit weg, um sie irgendwie fassbar machen zu können.

Alle regten sich auf, wenn ein Politiker eine um 10.000 Euro zu teure Dienstlimousine fuhr oder sie auch privat nutzte, was vielleicht ein paar hundert Euro Schaden anrichtete. Aber drei Milliarden Euro Landesschulden? Darunter konnte sich im Prinzip niemand viel vorstellen. Haider hätte sich also gar nicht anstrengen müssen. Die Mehrheit war damals gerne bereit, ihm in Budgetfragen zu glauben, und schließlich hatten alle anderen Bundesländer auch Schulden.

Die anderen Landesparteien spielten bis zu diesem Zeitpunkt immer mit. Das hatte einen einfachen Grund. Haider hatte nie eine Mehrheit als Landeshauptmann. Er war auf einen Koalitionspartner angewiesen, meistens aber regierte er mit freien Mehrheiten. Er brauchte also für jeden Beschluss im Landtag einen Mehrheitsbeschaffer. Der ließ sich seine Zustimmung jeweils teuer abkaufen. Mit Tauschgeschäften kaufte sich Haider in Kärnten den politischen Konsens.

Die Verhandler redeten offen miteinander. »Was wollt ihr haben?«, fragten unsere. Die Referenten der SPÖ und der ÖVP legten daraufhin ihre Listen mit Forderungen für ihre Ressorts vor. Die SPÖ verlangte dann zum Beispiel Budgeterhöhungen und Sonderzuschüsse für ihr Sozialressort. Als Haider Gratiskindergärten wollte, stimmte die ÖVP mit. Der Deal bestand darin, dass das ÖVP-nahe »Hilfswerk« die Umsetzung und Verwaltung des Projektes übernahm.

Oder es ging um die *Kärntner Tageszeitung* (KTZ). Die war im Eigentum der SPÖ gewesen und stand ständig kurz vor dem Bankrott. Es gab dort dem Vernehmen nach zu viele Versorgungsposten für Ex-Politiker mit zu hohen Gehältern. Nach dem Prinzip »ihr tut etwas für mich und ich tue etwas für euch« stimmte Haider hohen Sonderförderungen für die KTZ zu, zumindest erzählte er es mir so. Woher das Geld kam, war auch hier wie immer allen ziemlich egal.

War ein Projekt einmal durch, ging es allen, auch den Mehrheitsbeschaffern, darum, es als ihren eigenen Erfolg zu präsentieren. Jede beteiligte Partei versuchte den Wählern zu vermitteln: Das war unser Erfolg. Für mich bedeutete das immer Stress, denn es gewann, wer schneller und überzeugender war. Dadurch stiegen die Marketing-Ausgaben aller Parteien, was erheblich zu deren Verschuldung beitrug. Die Parteienförderung stieg deshalb stetig an.

Für alle, die nicht an die Zukunft dachten, waren es tatsächlich die goldenen Jahre. So etwa beschloss das Land den Neubau eines neuen Landeskrankenhauses für die Kärntner. Die Baustelle in dem kleinen österreichischen Bundesland war einige Zeit lang die größte Europas. Auf einem weitläufigen Areal wuchs eine der modernsten europäischen Kliniken aus dem Boden. Die Idee war, einen Teil der Kosten zu finanzieren, indem die Regionalspitäler ihre Angebote reduzierten und sich vor allem auf Leistungen wie Erstversorgung konzentrierten. Langfristig wären dadurch sogar Einsparungen möglich gewesen. Doch in der Praxis sah das anders aus. Als Haider den Grundstein für den Neubau legte, hatte die Sache ihren Zweck erfüllt. Die Krankenhäuser behielten dank ihrer kämpferischen Gewerkschafter alle ihre Abteilungen und bekamen jahrelang mehr Zuschüsse, als sich das Land je hätte leisten können. Die Gesundheitskosten in Kärnten explodierten.

Als durch die Finanzkrise in der Eurozone die Preise für Lebensmittel und alltägliche Güter stiegen, bemerkte Haider die Sorgen der Menschen darüber früher als andere Politiker. Also erfand er als Gegenmaßnahme zur Inflation den so genannten »Teuerungsausgleich«, den Haiders Kritiker als »Fürstengabe« bezeichneten, und der tatsächlich nichts Anderes als Bargeldgeschenke des Landes an Bedürftige bedeutete.

Alle Kärntner, die zwischen 700 und 1.000 Euro im Monat verdienten, bekamen 100 Euro Teuerungsausgleich. Menschen, die noch weniger verdienten, bekamen 150 Euro. Viel Bürokratie war dafür nicht erforderlich. Ein Einkommensnachweis, oder bei Rentnern ein Bankauszug, reichten. Dazu mussten die Empfänger nur noch ein einfaches Formular ausfüllen.

Den Beschluss fassten wir gemeinsam mit der ÖVP. Mit ihr verhandelten wir auch das Marketingbudget für die Aktion. Die Aktion selbst sollte drei Millionen Euro kosten, das Marketingbudget war mehrere hunderttausend Euro schwer. Entsprechend groß kündigten wir die Veranstaltung an. In einer im modernen Europa wohl einzigartigen politischen Aktion gab es am Tag der Verteilung gratis Kaffee und Kuchen, und Haider drückte als Landeshauptmann jedem Antragsteller die 100 oder 150 Euro in bar in die Hand.

Unsere politischen Konkurrenten nannten derlei »Almosenpolitik« würdelos. Sich für ein wenig Unterstützung anstellen zu müssen, sei erniedrigend. Doch die Kärntner empfanden das anders. Sie stürmten uns. »Er ist der Einzige, der auf uns schaut und dafür kritisieren sie ihn dann auch noch«, hörte ich eine alte Frau inmitten der Menschenmenge sagen. »Der Haider hat ein Herz.«

Insgesamt kamen rund 6.000 Menschen. Obwohl wir großes Interesse erwartet hatten, waren wir auf diesen Ansturm nicht vorbereitet. Zwei Sonderfahrzeuge mussten losfahren, um mehr Bargeld zu holen. Die Warteschlange reichte von der Landesregierung bis auf die Straße hinaus. Menschen fingen zu weinen an oder fielen ihrem Landeshauptmann um den Hals. Haider war ein paar Mal selbst zu Tränen gerührt. Ich beobachtete ihn dabei, wie er die Geldscheine überreichte. Ich sah, wie er in den Gefühlen der Menschen, die er damit auslöste, badete. Während er nach außen wieder einmal gekonnt den Landesvater gab, war er nach innen ein glückliches Kind. Er hatte sich selbst beschenkt.

Wir starteten daraufhin eine Art Auszahlungstournee. Während der folgenden Weihnachtsfeiertage fuhren wir in mehrere Bezirkshauptstädte, um dort ebenfalls Bargeld zu verteilen. Eine alte Bäuerin zeigte mir, wie viel diese Aktion, die wir uns als eine von vielen politischen Marketingaktionen ausgedacht hatten, bei den Menschen auslöste. Sie betrachtete die beiden Scheine in ihren dürren Händen, einen Hunderter und einen Fünfziger. »Ich hab noch nie selbst Geld gehabt«, sagte sie. Immer wenn sie bisher etwas brauchte oder haben wollte, musste sie ihren Mann fragen.

Als Gegenleistung für ihre Zustimmung zum Teuerungsausgleich hatte die ÖVP sich das Schulstartgeld ausbedungen, das eine weitere Geldverschenkungsaktion war. Eltern bekamen zum Schulbeginn für jedes schulpflichtige Kind Geld für Schulsachen in Form von Gutscheinen. Wir machten sogar noch das Rennen um die Vermarktung der Idee und feierten einen vollen Erfolg.

Auch die Hypo-Alpe-Adria diente Haider nur als Vehikel zur eigenen Inszenierung. Als schlechter Kaufmann und untalentierter Wirtschafter interessierte er sich im Prinzip nicht für die Bank. Er war zwar ihr Aufsichtskommissär, trat die damit einhergehenden Aufgaben aber meistens an Mitarbeiter ab. Die Zahlen, die ihm die Hypo präsentierte, waren zunächst ohnedies immer ausgezeichnet. Er glaubte nur zu gerne, dass sie stimmten.

Als die Bilanzsummen der Hypo auf Milliardenbeträge anschwollen und das Land dringend neue Geldquellen brauchte, entstand der Plan, die Hypo an die Börse zu bringen. Während bereits eine eigene Roadshow für potenzielle Investoren in Vorbereitung war, bat Hypo-Chef Wolfgang Kulterer Haider um ein dringendes Treffen.

Kärntens ehemaliger ÖVP-Landeshauptmann, Christoph Zernatto, hatte Kulterer, der ursprünglich für die Raiffeisen-Bank tätig gewesen war, in den Neunzigerjahren als Hypo-Vorstand geholt. Durch das erstaunliche Wachstum der Bank hatte Kulterer immer mehr Macht im Land erlangt, was Haider gar nicht recht war. Als ein Journalist Kulterer als den heimlichen Landeshauptmann Kärntens bezeichnete, war Haider empört gewesen. Denn entgegen vieler Darstellungen konnten die beiden einander nicht leiden. Kulterer mied Haider schon deshalb, weil ihm die Nähe zu einem so polarisierenden Politiker geschäftlich eher schaden als nutzen konnte.

Ich erfuhr erst von diesem Termin zwischen Kulterer und Haider, als mich Haider telefonisch ins Klagenfurter Restaurant »Artecielo« bestellte. Als ich dort ankam, fand ich das Lokal geschlossen vor. Der Wirt hatte für Kulterer und Haider extra aufgesperrt. Überall im Hauptsaal war es dunkel. Nur ganz hinten saßen am einzigen beleuchteten Tisch die beiden Männer.

Als ich Platz genommen hatte, verlor Haider keine Zeit. In fünf Sätzen fasste er den Inhalt des Gespräches zwischen ihm und Kulterer zusammen. »Die Hypo hat Spekulationsverluste in Höhe von 324 Millionen Euro«, sagte er. »Die Finanzmarktaufsicht ist schon aktiv. Es ist nur eine Frage der Zeit, bis die Medien Wind davon bekommen. Wir müssen aufpassen und gut vorbereitet sein.« Ich sollte die Krisen-PR für die Bank übernehmen.

Am nächsten Tag saß ich in der Hypo. Die erste Zeit wollte ich vor Ort bleiben und die Sache dann von außen weiter betreuen. Als Erstes brachte ich die Marketing-Mitarbeiter auf Kurs. Es war wichtig, dass wir alle im gleichen Sinn kommunizierten, und die Aussagen der Bank und des Landes zueinander passten.

Zwei Tage nach dem Gespräch im »Artecielo« flog der Spekulationsskandal um die Hypo Alpe Adria auf. Unsere Strategie als Landesregierung bestand darin, uns von Anfang an als Opfer der Wiener Bankaufsichtsbehörden und Großbanken darzustellen, die der Kärntner Hypo nur schaden wollten.

Vom Moment dieses Finanzskandals der Hypo an war Haider misstrauisch und hinterfragte, ob die Darstellungen der Zahlen und Erfolge der Bank tatsächlich der Wahrheit entsprachen. An einen Börsengang konnten wir angesichts der verunsicherten potenziellen Investoren nicht mehr denken, doch aufgrund der angespannten finanziellen Situation des Landes hatte Haider die Einnahmen daraus längst verplant. Ein Dilemma, das nach einem Plan B verlangte.

Dann trat auch noch der für die Hypo Alpe Adria zuständige Finanzlandesrat überraschend zurück. Von allen Regierungsmitgliedern hatte er die Bank am besten gekannt. Das machte Haider noch misstrauischer. »Die Bank ist mit ihren enormen Bilanzsummen inzwischen zu groß für Kärnten«, sagte er zu mir. »Da wedelt der Schwanz mit dem Hund, und es würde mich nicht wundern, wenn dort auch noch andere Bomben ticken.« Er wollte die Bank so schnell wie möglich loswerden.

Haider hatte Glück. Die Bayrische Landesbank, die ursprünglich die österreichische BAWAG kaufen wollte und dabei leer ausgegangen war, übernahm die Hypo. Meine Aufgabe bestand darin, die Ergebnisse des Deals zu vermarkten.

Acht Monate später lieferte die Hypo den nächsten Skandal. Die *Kleine Zeitung* berichtete, dass ein Steuerberater für ein sechsseitiges Gutachten bei ihrem Verkauf zwölf Millionen Euro bekommen hatte. Die Empörung war groß.

Wir versuchten zu erklären, dass es bei solchen Verfahren üblich sei, einen gewissen Prozentsatz der Kaufsumme als Preis für Gutachten zu vereinbaren. Bei derart hohen Summen käme dann eben einiges zusammen. Doch die Aufregung wuchs weiter. Als der Geschäftsführer der Partei mich warnte, dass es selbst in der Partei bereits zu rumoren begann, ging ich zu Haider. »Wir können das nicht weiter verteidigen. Zwölf Millionen Euro für ein Gutachten mit sechs Seiten sind inakzeptabel«, sagte ich mit einiger Empörung in der Stimme.

»Ich lasse mir etwas einfallen«, antwortete er.

Wenige Stunden später rief er mich an. Der Steuerberater war bereit, auf die Hälfte seines Honorars zu verzichten. Das war schon einmal gut. Es fehlte nur noch ein passendes Wort. Als wir es gefunden hatten, ebbte die Aufregung tatsächlich ab. Der »Patriotenrabatt« tat seine Wirkung. Für Haider und mich war die Causa Hypo Alpe Adria damit fürs Erste erledigt.

Immer wieder fragen mich Menschen, was wohl geschehen würde, wenn Haider den Hypo-Skandal noch erlebt hätte. Meine Antwort ist einfach: Wäre Haider noch am Leben, gäbe es den Hypo-Skandal in dieser Dimension nicht. Im Gegensatz zu seinen Nachfolgern in Kärnten und den Verantwortlichen auf Bundesebene hätte Haider niemals die Ende 2009 erfolgte Verstaatlichung der Bank zugelassen. Worüber sich heute im Wesentlichen alle Experten und Beobachter einig sind, dass diese Verstaatlichung ein Fehler war, hätte Haider schon damals erkannt. Er hätte sie, schon weil er sich der Konsequenzen für ihn selbst bewusst gewesen wäre, verhindert und die Probleme ihren bayrischen Eigentümern umgehängt. Ganz im Gegensatz zu seinen Nachfolgern und den Entscheidungsträgern auf Bundesebene hätte er dabei proaktiv gehandelt, um das Problem Hypo möglichst diskret zu entschärfen, lange bevor die Situation politisch und medial eskalieren konnte. Vieles wäre so nie ans Tageslicht gekommen, und schon gar nicht vor Gericht gelandet. Auch für ihn wäre die Hypo ein außergewöhnlicher Krisenfall gewesen, aber er hätte ihn politisch weitgehend unbeschadet überlebt und wäre wohl niemals vor Gericht gestanden.

Haiders Devise »Brot und Spiele« schien damals jedenfalls weiter zu funktionieren. Alle nahmen seine Geschenke an, ohne Fragen zu stellen. Den Wenigsten war dabei bewusst, dass sie selbst dafür in Form von Steuern aufkamen. Ein Phänomen, das sich auch andere Politiker schon immer zunutze gemacht hatten, doch Haider reizte es zur Befriedigung seiner Sucht nach der Liebe des Volkes gründlicher aus, als es kaum ein Politiker vor ihm getan hatte.

Ab Mitte des Jahres 2008 schien Haider zu spüren, dass sich das alles irgendwann nicht mehr ausgehen würde. Er wurde immer nachdenklicher, wirkte müde und erschöpft und war innerhalb kürzester Zeit stark gealtert. »Stefan, ich glaube, dass ich bald sterben werde«, sagte er eines Tages zu mir.

Ich erschrak. Denn ich kannte diesen eigenartigen Tonfall in der Stimme aus meiner Zeit im Altenpflegeheim, in dem ich während meines Zivildienstes gearbeitet hatte. Genau so hatten jene Menschen geklungen, die gespürt hatten, dass ihre Zeit abgelaufen war. Nicht hysterisch oder voller Panik, nur voller Überzeugung. Außerdem fiel mir dieser Traum ein, den ich immer hatte. Ein Telefon, das mich weckte. Eine fremde Stimme, die zu mir sprach: Der Landeshauptmann ist tot.

Wir sahen einander an. Es kam mir falsch und unfair vor, einfach abzuwiegeln. Ich wollte Haider trösten, ihn dabei aber ernst nehmen und ihm zeigen, dass ich ihn verstand. Ich ahnte, dass sich das Schicksal nicht aufhalten lassen würde, auch wenn ich in diesem Moment alles dafür gegeben hätte.

Ich musste auch an ein Buch von Georges Duby denken. Es hieß »*Guillaume le Maréchal*« oder »der beste aller Ritter«. Darin gab es eine Stelle über dessen Todesahnung, die ich mir gemerkt hatte. »Der Maréchal kann nicht mehr«, hieß es dort. »Er spürte es kommen. Und seit einiger Zeit bereitete er sich, ohne darüber zu sprechen, auf seines letztes Abenteuer vor.«

Stefan, ich glaube, dass ich bald sterben werde. Der Satz hallte in meinen Ohren nach, während ich darüber nachdachte. »Ich weiß«, sagte ich schließlich. »Darum musst du die Zeit, die dir bleibt, genießen.«

Wir schwiegen und ein paar Tränen kullerten über Haiders Wangen. Danach wollte er bald alleine sein.

Die Entzauberung der Populisten

Während meiner Zeit an Haiders Seite war mir immer bewusst, wie sehr er von seinen Gegnern lebte. Sie taten aus ihrer Sicht immer das Falsche. Sie empörten sich bei jeder Provokation, jedem Tabubruch, dienten damit unseren Interessen und machten in ihren Wahlkämpfen nicht sich, sondern uns zum Thema. Die etablierten Parteien taten das von Anfang an, und sie tun es in der politischen Auseinandersetzung mit Rechtspopulisten nach wie vor.

Ein Beispiel aus dem Frühjahr 2015, als der Landtagswahlkampf in der Steiermark lief: Die Prognosen hatten einen starken Zuwachs der FPÖ vorausgesagt. Das Schreckgespenst der erstarkten Rechten hing deshalb wie so oft über dem ganzen Wahlkampf. Unmittelbar vor der Wahl gab der amtierende Landeshauptmann und sozialdemokratische Spitzenkandidat Franz Voves der Boulevardzeitung »*Österreich*« ein Interview. Die Zeitung brachte es in großer Aufmachung, auf zwei Seiten, was einen schönen und wichtigen Auftritt für Voves bedeutete. Er hätte ihn nützen können, um zu erklären, wofür er stand, was er den Steirern geben wollte und warum die Sozialdemokratie die beste Wahl für das Land sei. Das alles in einer einfachen, der Leserschicht der Zeitung entsprechenden Sprache und der aktuellen Bedürfnislage der Bevölkerung angepasst. Doch was tat er? Zwei Drittel des Interviews nützte er, um, wahrscheinlich aus lauter Angst vor seinem stärksten Herausforderer, nicht über sich zu sprechen, sondern über die FPÖ. Der Sieg der FPÖ fiel noch deutlicher aus, als erwartet. Es wurde ein richtiger Triumph. Die SPÖ blieb unter ihren ohnedies schon niedrigen Erwartungen. Voves trat zurück.

Überall in Europa machen Parteien im Umgang mit den Rechtspopulisten die gleichen Fehler, stärken sie und bringen damit nicht nur sich selbst, sondern ganz Europa in Gefahr. Zum einen, weil Rechtspopulisten nicht für die Macht gemacht sind. Regieren heißt Verantwortung übernehmen, Kompromisse schließen und mitunter auch unpopuläre Entscheidungen treffen. Dazu sind Rechtspopulisten schon von ihrer Natur her gar nicht in der Lage. Mit einem Regierungseintritt müssten sie Bündnisse genau mit jenen »korrupten Eliten« eingehen, gegen die sie so lange gewettert haben. Sie würden damit selbst zum Teil jenes Systems, das sie zu bekämpfen vorgegeben haben. Sie würden sich damit selbst ad absurdum führen. Daher sind sie de facto regierungsuntauglich.

Rechtspopulisten überziehen dabei nicht nur in ihrer Agitation maßlos, sondern des schnellen Erfolges wegen auch in ihren Forderungen und Versprechungen. Sie wissen selbst, dass ihre Versprechen schlicht uneinlösbar sind. Das zeigte sich zum Beispiel, als die FPÖ auf einer Welle utopischer Heilsversprechen Haiders in die Regierung ritt. Die Wähler glaubten diesen Versprechungen. Es folgten die große Ernüchterung und der Absturz der FPÖ ins Bodenlose. Als die FPÖ an der Macht war, änderte sich nichts. Die Ausländer verschwanden nicht. Sie waren noch immer da und Privilegien, Misswirtschaft und Korruption blühten nun sogar stärker als je zuvor. Die Heilspolitik der Rechtspopulisten hält dem Praxistext niemals stand, weil sie es gar nicht kann.

Das bewies etwa auch die Lega Nord, die ankündigte, in Italien die Republik »Padanien« auszurufen, sobald sie an der Macht wäre. Mit diesem Propagandabegriff sicherte sie sich Stimmen in den reichen Regionen Nord- und später auch Mittelitaliens, die sich vom ärmeren Süden abspalten wollten. Klarerweise existiert die Republik »Padanien« trotz zwischenzeitlicher Regierungsbeteiligung der Lega Nord noch immer nicht. Nach ihrem Bündnis mit Silvio Berlusconi erlitt die Lega Nord massive Verluste. Sie konnten so gut wie nichts von ihren ursprünglichen großen Ankündigungen umsetzen.

Diese Regierungs-Untauglichkeit paart sich mit einer, ihrem autoritären Aufbau geschuldeten, mangelnden inhaltlichen und personellen Breite. Rechtspopulistische Parteien sind einzig auf eine zentrale Führungsfigur aufgebaut und zugeschnitten. Doch diese Führungsfigur versagt zwangsläufig, wenn sie die in Regierungsverantwortung nötigen Kompromisse eingehen und gegebene Versprechen brechen muss. Ihre Parteien fallen in den so entstehenden Krisensituationen schnell in sich zusammen, weil sie nach innen nicht stabil genug für politische Erschütterungen sind.

Diese Form des Versagens aufgeblähter populistischer Parteien an der Macht ist noch die harmlosere. Es kommt dabei im schlimmsten Fall zu einer Phase innenpolitischer Instabilität, der eine gesunde Demokratie aber standhält. Die solcherart entzauberten Rechtspopulisten kehren in ihre angestammte Rolle als kleine Oppositionspartei zurück, wo sie auch hingehören.

Die zweite, viel weitreichendere Form ihres Versagens an der Macht zeigte ebenfalls Haider vor. Er bezahlte im Zuge seiner großzügigen Verteilungs-Politik in Kärnten populistische Effekte einfach so lange mit öffentlichen Mitteln, bis das Land so gut wie bankrott war. Ein für alle Rechtspopulisten naheliegender Reflex, der auf bundespolitischer oder gar europapolitischer Ebene aber ganze Volkswirtschaften vernichten und zu Unruhen, Anarchie und sozialen Katastrophen führen kann.

Eines macht aufgeblähte rechtspopulistische Parteien noch problematischer und gefährlicher als ihre Regierungs-Untauglichkeit. In ihnen schwimmen, ihren Wurzeln entsprechend, immer auch rechtsradikale Elemente mit. Hat so eine Partei als Oppositionspartei fünf bis zehn Prozent, sind diese Elemente für eine Demokratie verkraftbar. Entwickelt sich eine solche Partei aber zu einer bestimmenden Größe im Parteienspektrum, können sie, je nach politischer Dynamik und aktuellen gesellschaftlichen Tendenzen, ein Eigenleben entwickeln und außer Kontrolle geraten. Aus der Koketterie der rechtspopulistischen Anführer mit rechtsradikalen Elementen kann so unversehens Ernst werden, und dann ist die Demokratie tatsächlich in Gefahr.

Dabei bedürfte es nur ein paar relativ einfacher Maßnahmen, um die Rechtspopulisten zu entzaubern, und sie dem ihnen angestammten Platz unter den kleinen Oppositionsparteien im politischen Biotop zuzuweisen. Denn an den richtigen Stellen angegriffen, sind sie chancenlos und einfach zu bändigen.

1. Unterscheiden zwischen Rechtspopulismus und Rechtsextremismus

Der erste Fehler im Umgang mit Rechtspopulisten, den die politischen Eliten begehen, ist die unreflektierte Vermischung von Rechtspopulismus und Rechtsextremismus. Dabei müssten sie diese beiden Richtungen trotz ihrer Schnittmengen klar unterscheiden. Politologen, die darauf verzichten, liegen falsch.

Haider war ein begnadeter und skrupelloser Rechtspopulist, aber er war kein Rechtsextremist. Er arbeitete bewusst mit radikalen Codes, aber nur aus Gründen des Marketings. Es ging ihm dabei ausschließlich um Aufmerksamkeit in Folge kühl kalkulierter Eklats.

Rechtspopulisten lehnen Gewalt ab und vertreten keine bestimmte Ideologie. Haider brachte das 2005, als er mit seinen wichtigsten Weggefährten das BZÖ gründete, auf den Punkt. »Wir sind nicht links oder rechts, wir sind vorne«, sagte er im Rahmen der Präsentation seiner neuen Partei. »Wir sind ideologiefrei.«

Wahre Populisten wollen sich nirgends einordnen. Sie wollen Wählerstimmen. Ihre Programme sind nicht dogmatisch, sondern dynamisch. Ihr politischer Aufritt unterliegt einem permanenten Wandlungsprozess. Das macht sie anscheinend auch so schwer fassbar und angreifbar. Ihnen ist jedes Mittel recht, so lange es den gewünschten Erfolg bringt, und seien es eben rechtsradikale Codes.

Sie kalkulieren dabei jede Botschaft möglichst genau. Je näher sie dabei an die »Grenze des Sagbaren« kommen, ohne sie zu überschreiten, desto stärker ist die Wirkung, die sie erzielen. Da sie das wissen, gehen sie bei ihren Provokationen und Tabubrüchen immer bis ans absolute Limit. Denn maximale Empörung führt zu maximaler Aufmerksamkeit.

Die Geschmacksgrenze, an der sie sich dabei bewegen, ist veränderlich und verläuft in jedem Land anders. Dies, weil sich die Länder im Umgang mit ihrer Geschichte unterscheiden. Deutschland bekannte sich früh zu seiner Täterrolle während des Zweiten Weltkriegs. Das ständige Erinnern und Mahnen erfüllte einen wichtigen Zweck. Durch die Auseinandersetzung mit der eigenen Vergangenheit und die Übernahme der Verantwortung immunisierten die Regierungen nach dem Krieg die Bevölkerung weitgehend gegen rechtsextreme Tendenzen.

Österreich verweigerte diesen Prozess lange und tabuisierte die eigene Vergangenheit. Nach der Ausrufung der Zweiten Republik begab sich das Land über Jahrzehnte in eine falsche Opferrolle. Erst viel zu spät, im Jahr 1991, räumte der damalige Bundeskanzler Franz Vranitzky im Parlament offiziell die österreichische Schuld und Mittäterschaft ein, entschuldigte sich bei den Opfern des Nationalsozialismus und leitete damit einen ernsthaften Aufarbeitungsprozess ein.

Aufgrund dieser langjährigen Versäumnisse Österreichs konnte Haider mit den verdrängten Gefühlen und unverheilten Wunden der Menschen spielen. Während sich die deutsche Kriegsgeneration in einem schwierigen Prozess ihrer Rolle bewusst geworden war, stand die österreichische mit ihrer unreflektierten Vergangenheit inmitten eines großen Schweigens und war damit zugänglich für Haiders Anspielungen. Deshalb funktionierte Haiders Parole »Kärnten wird tschetschenenfrei« in Österreich, während sie in Deutschland eine klare Grenzüberschreitung gewesen wäre.

Rechtspopulistische Führer kokettieren mit dem rechten Rand auch deshalb, weil er ihre Machtbasis bildet, von der aus sie gestartet sind und auf die sie sich im Notfall wieder zurückziehen können. Niemand verlangt ihnen dort den mühsamen Umgang mit demokratischen oder gar basisdemokratischen Spielregeln ab. Deshalb ist es auch einfacher, die Macht in einer kleinen rechten Splittergruppe an sich zu reißen, als in einer breit gewachsenen Großpartei. Einfach und schnell schaffen es die Anführer so an die Spitze, wenn sie nicht überhaupt gleich ihre eigene Partei gründen.

In beiden Fällen haben sie einen wichtigen Wettbewerbsvorteil gegenüber ihren Konkurrenten in den etablierten Großparteien, die auf ihrem langen Weg durch die Instanzen an die Spitze viel Zeit, Kraft und Energie liegen lassen, sodass sie, endlich oben ankommen, zumeist bereits vorgerückten Alters sind, ein bisschen müde und verhärmt, und natürlich glatt und angepasst. Diesen häufig als »Altpolitker« oder »Systempolitiker« titulierten Dinosauriern steht dann der jüngere, agile, unverbrauchte und in Stil und Inhalt frech und unkonventionell agierende rechte Führer gegenüber.

Dass die rechtspopulistischen Anführer ihre jeweilige Partei dominieren, wie es in keiner anderen Partei eine Führungspersönlichkeit könnte, ist auch keine Analogie mit dem Nationalsozialismus, wie ihnen Politologen gerne unterstellen. Vielmehr liegt der streng hierarchische Aufbau in der Natur der rechtspopulistischen Sache. An der Spitze muss ein charismatischer Anführer stehen, der sich zum Retter der Nation stilisieren lässt. Diese Figur, und die Schwarz-Weiß-Politik der Feindbilder, die sie macht, bilden den Kern des Rechtspopulismus.

Der Anführer ist derjenige, der dem Volk zu seinem Recht verhilft und auf den kleinen fleißigen Mann, den er konsequent idealisiert, aufpasst. Als Volkstribun kommt er aus dem Volk und ist für das Volk. Sich selbst und das Volk sieht er dabei in permanenter Gefahr, bedroht von in Wirklichkeit meist imaginären Feinden.

In Haiders Anfangszeit waren diese Feindbilder die »Bonzen« und die »Privilegienritter«. Die Apparate der etablierten Großparteien, die mächtigen Eliten stellte er als korrupt und faul dar. In den neunziger Jahren entdeckte Haider als Erster, dass die Stimmung in Sachen Gastarbeiter kippte, und machte konsequent die Ausländer zu seinem Feindbild. Ausländer bedrohen den Wohlstand, sie sind faule Sozialschmarotzer, kriminell und gefährlich. Außerdem stehlen sie dem kleinen Mann die Arbeitsplätze und unterwandern unsere Kultur und Gesellschaft. So lautete sein einfaches Rezept.

Rechtspopulisten spitzen dabei das Bedrohungsszenario so weit wie möglich zu, bis am Ende ein finaler Kampf zwischen Gut und Böse steht. Dazu ist ein eindeutig erkennbarer Anführer nötig, der sich schützend vor das Volk stellt und für den entscheidenden Kampf opfert. Da er keine Parteiprogramme verwaltet, sondern seine Daseinsberechtigung aus dem ideologiebefreiten unverzüglichen Reagieren auf jegliche Gefühlslage des Volkes bezieht, muss ihm zwangsläufig der gesamte Parteiapparat mit allen seinen Funktionären unterstehen.

Nach dem Start am rechten Rand lässt sich bei allen erfolgreichen Rechtspopulisten ein schleichend einsetzender Transformationsprozess beobachten. Sie bewegen sich in Richtung politischer Mitte. Diese Bewegung beginnt ab einem Stimmenanteil von zehn bis fünfzehn Prozent, hat aber nichts mit geänderten Überzeugungen oder persönlicher Reifung zu tun, wie wohlwollende Kommentatoren und Experten gerne meinen. Im Gegenteil, es ist eine bewusste Täuschung mit dem einzigen Ziel, weiter zu wachsen und neue Wähler an sich zu binden. Denn haben sie das Wählerpotenzial am rechten Rand ausgeschöpft, bleibt ihnen nur der Weg zur Mitte, wo sie neue, gemäßigtere Wähler gewinnen können. Die extremen Elemente, auf denen ihr Aufstieg fußte, hemmen nun den weiteren Wachstumsprozess. Deshalb lassen die Rechtspopulisten in dieser Phase diejenigen, die sie stark gemacht haben, eiskalt fallen. Die rechtsextremen Codes aus den Anfangsjahren schwingen dann höchstens noch leise und gut versteckt im Hintergrund mit, als Unterton für die radikale Stammwählerschaft, die nach Möglichkeit eine Machtbasis für Notfälle bleiben soll.

Als Haider die FPÖ 1986 mit Unterstützung des rechten Flügels übernahm und seinen liberalen Vorgänger Norbert Steger ablöste, lag sie bei vier Prozent. Mit definitiv radikalen Aussagen wie jener von der ideologischen Missgeburt Österreich sammelte er binnen kürzester Zeit die Wähler am rechten Rand ein. Mit den Worten, »Es muss Schluss sein mit der Deutschtümelei in der FPÖ« leitete Haider ab den Jahren 1988 und 1989 den Transformationsprozess vom stramm rechten Kurs zum rechtspopulistischen Kurs ein. Er entmachtete schrittweise den nationalen Flügel und ersetzte dessen Vertreter durch gemäßigtere und ihm zu hundert Prozent loyale Populisten. Haiders sogenannte Buberl-Partie trat in den Vordergrund, Gernot Rumpold, Walter Meischberger und Peter Westenthaler, die in der Bundespartei und im Parlamentsklub Funktionen übernahmen. Ihnen musste etwa die deutschnationale Traditionalistin Kriemhild Trattnig weichen, obwohl sie eine politische Ziehmutter Haiders gewesen war und die FPÖ mit aufgebaut hatte.

Bei Heinz-Christian Strache als Haiders österreichischem Nachfolger in der Rolle des rechtspopulistischen Anführers lief es genauso. Als auch er die Marke von 15 Prozent überschritt, distanzierte er sich allmählich vom rechten Rand und schaltete seine Leute der ersten Stunde schließlich politisch aus. Männer wie das rechte Urgestein Andreas Mölzer, oder Martin Graf, Mitglied der akademischen Burschenschaft Olympia, die das Dokumentationsarchiv des österreichischen Widerstandes als rechtsextrem einstuft, störten nun. Zudem war Strache auf die Unterstützung des nationalen Lagers nicht mehr angewiesen und gestaltete die Parteiführung dementsprechend um.

»Daham statt Islam«, »Deutsch statt ›nix versteh'n‹« und »Pummerin statt Muezzin«, hatte Strache noch ein paar Jahre davor, bei seiner ersten Nationalratswahl im Jahr 2006 plakatiert und damit wegen eindeutig rassistischer und fremdenfeindli-

cher Anspielungen die von ihm gewünschte Aufregung ausge-
löst. Sämtliche politische Konkurrenten und die Medien stie-
gen auf die inszenierte Provokation ein, mit dem Ergebnis, dass
Strache mehr als elf Prozent der Stimmen erreichte, während zu
Beginn des Wahlkampfes noch viele angezweifelt hatten, ob die
FPÖ überhaupt den Einzug in das Parlament schaffen würde.

Heute, 13 Jahre später, liegt Straches FPÖ in Umfragen zwischen 25 und 30 Prozent. Dem Wachstums- und Transformationsprozess folgend sind daher auch Straches Plakate sanfter
geworden, ohne dass sie deshalb ganz auf alte Stärken verzichten. »Der Einzige, der eure Sprache spricht«, plakatierte er im
Landtagswahljahr 2015. Den Rassismus können jene, die ihn sich
wünschen, noch herauslesen, aber gemäßigte Wählergruppen
schreckt dieser Slogan nicht mehr ab.

Im Wissen, dass ihm jetzt, bei einer Größenordnung von
bis zu 30 Prozent der Stimmen, seine radikalen Plakate aus der
Anfangszeit eher schaden, erklärte Strache im März 2015 kurzerhand, er würde den Slogan »Daham statt Islam« heute nicht
mehr so formulieren und überhaupt seien in seiner Partei auch
muslimische Kandidaten und Mitglieder willkommen. Anstatt
Strache aber nun als Heuchler zu enttarnen, nahmen ihm die
meisten Medien seine Masche des Geläuterten und seine Distan-
zierung von der eigenen Vergangenheit ab.

Der französische »Front National« transformiert sich gerade
auf die gleiche Art, wobei es dort eine pikante familiäre Facette
gibt. Jean-Marie Le Pen hatte die Partei gegründet und den rechten Rand etwa mit der Aussage jubeln lassen, dass Gaskammern
»ein Detail der Geschichte« seien. Doch seine Partei konnte nicht
weiter wachsen, weil er sich weigerte, das rechte Eck zu verlassen. Als wahre Populistin entpuppte sich statt ihm seine Tochter

Marine Le Pen. Sie vollzog den Schwenk und schreckte dabei nicht einmal davor zurück, ihren eigenen Vater als überflüssig gewordenes rechtes Urgestein zu entmachten.

Die rechtsextremistischen Töne der Rechtspopulisten, die bei ihrer Beurteilung von außen so dominant sind, sind bloß Mittel zum Zweck, und selbst das nur in der Startphase. Sie sind aus dieser Sicht also in Wirklichkeit harmlos. Rechtsextreme hingegen sind gefährliche Verrückte, die Europa in den Abgrund stürzen könnten. Im Unterschied zu Rechtspopulisten hängen sie tatsächlich der NS-Ideologie an. Sie glauben an so absurde Ideen wie die von der »reinen Rasse«, sind Antisemiten, ewig gestrige Nationalisten und gehen so weit, die Demokratie als solche abzulehnen. Sie wollen einen autoritären »Führerstaat« aufbauen und sind dabei gewaltbereit.

In Europa gibt es nicht nur rechtspopulistische Parteien, sondern leider auch rechtsextreme, etwa »Jobbik« in Ungarn. Deren Mitglieder treten offen judenfeindlich auf und marschieren in SS-ähnlichen Uniformen. Die NPD in Deutschland ist für mich ebenso zweifelsfrei eine rechtsextreme Partei. Sie organisiert rechtsextreme Gedenkmärsche.

Was die notwendige Unterscheidung rechtspopulistischer von rechtsextremistischen Parteien tatsächlich erschwert, ist, dass sie und ihre Anführer zwischen ihren rechtspopulistischen und den rechtsextremistischen Tendenzen schwanken können. Mangels eines ideologischen Fundamentes ändern und entwickeln sich diese Parteien ständig. Der Umgang mit ihnen erfordert deshalb in jedem Fall äußerste Wachsamkeit und ihre ständige Neubewertung.

2. Unterscheiden zwischen Rechtspopulisten und ihren Wählern

Die zweite wichtige Unterscheidung, die andere Parteien in der Auseinandersetzung mit Rechtspopulisten treffen müssen, ist die zwischen den Rechtspopulisten selbst und ihren Wählern. Als Haiders FPÖ bei der Nationalratswahl 1999 hinter der SPÖ und knapp vor der ÖVP zweitstärkste Partei wurde, hatten seine Gegenspieler ebenso wie politische Experten und Journalisten den Transformationsprozess der FPÖ Richtung Mitte nicht wahrgenommen oder nicht richtig beurteilt. Sie blieben bei ihrem, schon zuvor falschem, Pauschalurteil, die FPÖ sei eine Partei der Nazis und Rechtsextremen. Da auch ihnen klar war, dass es so viele Nazis und Rechtsextreme selbst in einem Land mit schlecht aufgearbeiteter Vergangenheit wie Österreich nicht geben konnte, erklärten sie den FPÖ-Wählern, dass sie falsch gewählt hätten. Ein in einer Demokratie, deren Werte gerade die etablierten Parteien zu Recht beharrlich betonen, eigentlich fragwürdiger Vorgang.

Auch die EU reagierte mit einer Verurteilung der FPÖ-Wähler. Sie ging sogar so weit, sie zu bestrafen, und mit ihnen gleich das ganze Land, indem sie Sanktionen gegen Österreich verhängte. Noch falscher hätten weder die anderen Parteien noch die EU reagieren können. Denn weder waren die vielen Wähler der FPÖ Nazis, noch hatten sie die geringste Lust, sich als solche bezeichnen oder gar abstrafen zu lassen.

Die anderen Parteien erreichten mit ihrer Belehrung und Stigmatisierung der Wähler nur deren weitere Solidarisierung mit der FPÖ, weil sie damit genau das bestätigten, was die FPÖ ihren Wählern und Anhängern schon immer erzählt hatte: Die da oben verstehen euch nicht. Nicht einmal dann, wenn ihr als

Protestwähler zur Urne geht, denken sie darüber nach, was euch bewegt, Sorgen bereitet und wichtig ist. Die EU erzielte mit ihrer Wählerbestrafung ähnliche Effekte, und zwar im ganzen Land. Jetzt erst recht, dachte eine Mehrheit.

Die Gegenspieler der Rechtspopulisten müssen vor allem deren Anführer gezielt angreifen, ihren Wählern hingegen müssen sie mit Verständnis begegnen. Sie müssen die Trennlinie zwischen den Rechtspopulisten und ihren Wählern bei jeder Äußerung und politischen Gegenmaßnahme genau im Auge behalten. Sie ist sensibel und entscheidend. Eine Verurteilung des Anführers darf niemals eine Mitverurteilung seiner Wähler beinhalten. Die Gegenspieler der Rechtspopulisten müssen sich dazu fragen: Warum haben diese Wähler so entschieden? Welche Motive stecken dahinter? Womit sind sie unzufrieden? Und vor allem: Was haben wir in unserer politischen Arbeit verabsäumt? Welche Probleme haben wir verkannt und nicht gelöst? Welche Fehler haben wir gemacht und aus ihrer Sicht versagt?

Lutz Bachmann, der Gründer und später gestürzte Anführer der Pegida-Bewegung, ist vermutlich im rechtsextremen Eck anzusiedeln. Nicht aber all die Menschen, die zu Tausenden mit ihm auf die Straße gingen.

Der Erfolg der Pegida, so kurzfristig und bescheiden er letztlich auch war, hatte eigentlich nichts mit einem falschen Umgang Deutschlands mit seiner Geschichte zu tun, sondern mit seinem richtigen. Denn durch das bewusste Bekenntnis zur Täterrolle schämten sich die Deutschen lange, irgendeine Form von Patriotismus zu zeigen. Nach dem guten Abschneiden der deutschen Nationalmannschaft bei der Fußballweltmeisterschaft 2006 vollzog sich aber ein gänzlich unbemerkter Wechsel im Selbstbild der Deutschen. »Deutschland – ein Sommermärchen«, nannte er sich. Vor allem jüngere Menschen erfasste eine Welle des Patriotismus. Seitdem ist es in Deutschland wieder in Ordnung, sein Deutschsein auch zu zeigen. Erstmals seit 1945 erlebten Nationalstolz und Vaterlandsliebe eine Renaissance in breiten Bevölkerungsschichten. Diese Korrektur des deutschen Selbstbildes war grundsätzlich positiv, doch Patriotismus und Nationalstolz öffnen das Feld immer auch für rechte Gruppen und Bewegungen wie eben die Pegida.

Die deutschen Parteien machten im Umgang mit Lutz Bachmann und seinen Anhängern die gleichen Fehler wie alle anderen. Sie differenzierten nicht zwischen ihm mit seiner Pegida und jenen Menschen, die ihr auf die Straße folgten, sondern stempelten allesamt pauschal als böswillige Nazis und unbelehrbare Rechtsextreme ab. Statt die wahren Motive und ihre Beweggründe für den offenen Protest zu hinterfragen, verweigerten sie den Dialog. Die deutsche Kanzlerin Angela Merkel übernahm mit Unterstützung der *Bild*-Zeitung persönlich diese Pauschalierung und Stigmatisierung. In ihrer Neujahrsansprache 2015 sagte sie: »Heute rufen manche montags wieder *Wir sind das Volk*, aber tatsächlich meinen sie, ihr gehört nicht dazu. Wegen eurer Hautfarbe, oder eurer Religion. Deshalb sage ich allen, die auf solche Demonstrationen gehen: Folgen sie denen nicht, die dazu aufrufen …«

Hätte Merkel die wahren Motive der Pegida-Demonstranten hinterfragt und zwischen ihnen und den Anführern der Pegida eindeutig unterschieden, hätte sie herausgefunden, dass diese Menschen von sehr verständlichen und alles andere als bösartigen Emotionen und Absichten getrieben waren. Sie machten sich wegen des erstarkenden Islamismus und der steigenden sozialen Spannungen in Folge verabsäumter Integrationsmaßnahmen für Zuwanderer Sorgen und fühlten sich dabei von der Politik allein gelassen. Doch so zeigte sich Merkel als jene Frau, als die Rechtspopulisten Regierungspolitiker gerne darstellen: Als eine von »denen da oben«, die von den Sorgen und Nöten jener »da unten« keine Ahnung haben und die einfachen Bürger nicht mehr verstehen. Aussagen von Leuten wie CDU-Fraktionschef Volker Kauder, es könne von einer Islamisierung in Deutschland keine Rede sein, verstärken diesen Eindruck nur.

Einer der wenigen, der richtig reagierte, war Vizekanzler Sigmar Gabriel von der SPD. Er plädierte für einen Dialog mit den Pegida-Demonstranten und nahm in Dresden sogar an einer Diskussionsveranstaltung mit Pegida-Anhängern teil. »Ich würde jetzt auch nicht mit Organisatoren reden, die im Neonazi-Raum stehen«, sagte er völlig richtig. »Aber mit den Menschen, die dort hingehen, die Sorgen haben, und die verärgert sind über die Politik, natürlich muss man mit denen reden.«

Gabriel erntete dafür harte Kritik, auch aus den eigenen Reihen. Völlig zu Unrecht. Die SPD-Generalsekretärin Yasmin Fahimi lehnte als unmittelbare Reaktion auf Gabriel einen Dialog mit den Pegida-Anhängern sogar offen ab. »Wer mündig ist, trägt Verantwortung für seine Taten und dafür, wem er hinterherläuft«, sagte sie. »Die Pegida-Demonstranten hegen eine Abneigung gegen jede Veränderung und gegen alles Fremde.« Nicht nur, dass sie mit diesen Worten alle Pegida-Demonstranten pauschal als unmündig, fremdenfeindlich und gestrig abqualifizierte, die heftige Kritik am eigenen Vorsitzenden bedeutete für diese Menschen auch, dass »die da oben« nicht nur jene verurteilen, die sich allein gelassen fühlten, sondern mit ihnen auch gleich alle, die sie zu verstehen versuchten. Wodurch in bestimmten Bevölkerungsgruppen zwangsläufig das Gefühl entstand, durch gesellschaftlichen Druck daran gehindert zu werden, die eigene Meinung zu äußern.

Merkel und alle anderen deutschen Regierungspolitiker müssten sich jetzt eigentlich fragen, wie groß die Zahl der Schweigenden ist, die aus Angst vor einem Gesichtsverlust nicht auf der Straße waren, und wer dieses Potenzial mit welchen Mitteln als Nächster nutzen wird. Die AfD scheint zu dem Zeitpunkt, an dem ich das hier schreibe, auf dem Weg genau dazu zu sein. Merkel und ihre Mitstreiter haben mit der ideologischen Vermischung von Lutz Bachmann und seinen Anhängern für Frauke Petry als neue rechtspopulistische Anführerin in Deutschland den idealen Nährboden bereitet, der sie in den Bundestag bringen kann.

Es ließe sich dagegen halten, dass auch Merkels Gegenmobilisierung funktioniert hat und die Pegida deshalb nahezu verschwand. Doch das ist ein Trugschluss. Die Pegida mag keine Rolle mehr spielen, doch die treibenden Probleme sind ungelöst und der Zorn und die Sorgen der Menschen sind geblieben. Deutschlands über Jahrzehnte mangelhafte Integrationspolitik wird Folgen haben. Die Spannung zwischen den Bevölkerungsgruppen unterschiedlicher Herkunft steigt. Der soziale Sprengstoff ist gewaltig und wird ständig mehr. Ein paar Funken genügen, und die Situation eskaliert. Unterbleibt die Lösung dieser Probleme weiterhin, wird sie jemand für sich instrumentalisieren. Sei es Frauke Petry oder jemand anderer.

3. Ignorieren, provozieren, isolieren

Haider war sich seiner Tschetschenien-Strategie in Kärnten immer sicher. Seine Idee, kriminelle Asylwerber in ein eigenes

Asylheim zu bringen, um sie vollends von der Gesellschaft abzuschotten, passte da dazu. Also suchte er eine abgelegene Unterkunft und fand ein leerstehendes ehemaliges Jugendheim auf der Kärntner Saualm. Um sich des Applauses der Kärntner sicher sein zu können, und nach Möglichkeit auch noch die Bundespolitik zur Empörung zu zwingen, benötigte er einmal mehr einen starken Begriff. Ich schlug ihm »Sonderanstalt für kriminelle Asylwerber« vor. »Sonderanstalt« war meiner Meinung nach genau das richtige Wort. Es weckte die richtigen Assoziationen und war nahe an der Grenze des Sagbaren, ohne sie zu überschreiten. Haider sah das genauso. Die Sonderanstalt für kriminelle Asylwerber war geboren.

Bei einer Pressekonferenz verkündeten wir das Vorhaben. Die Reaktion fiel genau wie erhofft aus. Die Journalisten schüttelten die Köpfe. Das war der erste Hinweis darauf, dass am nächsten Tag die Empörung perfekt sein würde und auch noch die Kärntner in den entlegenen Tälern der Nockberge wissen würden, was ihr Landeshauptmann für sie tat. Doch Haider war zu siegessicher. In seinem Überschwang ließ er sich zu einem Fehler verleiten. »Wir konzentrieren sie dort«, sagte er.

Wir saßen nebeneinander am Podium. Alle Kameras waren auf Haider gerichtet. Ich wusste, dass er zu weit gegangen war. Er hatte den Punkt überschritten, bis zu dem die Provokation den Applaus verstärkt. Er war in den roten Bereich geraten, wo Applaus in Ablehnung und Ekel umschlägt. Ich trat ihm unter dem Tisch gegen das Schienbein. Er sah mich verständnislos an, aber immerhin hörte er zu reden auf. Nach der Pressekonferenz schrie ich ihn an. »Bist du des Wahnsinns? Das kannst du nicht sagen!«

Er war selbst überrascht. »Das habe ich wirklich gesagt?«, fragte er.

Ich hoffte, dass niemand die Aussage und ihr für uns destruktives Potenzial bemerkt hatte. Tatsächlich stand am nächsten Tag in keiner Zeitung etwas darüber. Es regten sich nur Medien wie politische Gegner wunsch- und plangemäß über das neue Heim und seine bewusst grenzwertige Bezeichnung auf. Bei seiner Ochsentour und auf den folgenden Festen erntete Haider den erhofften Applaus. Dort, wo er, ähnlich wie bei der »ordentlichen Beschäftigungspolitik« angreifbar gewesen wäre, setzte niemand an. Der Sager vom »konzentrieren« in der Sonderanstalt ging unter. Andernfalls hätte Haider sich einmal mehr selbst schweren Schaden zugefügt. Doch diesmal ging es für ihn gut aus.

Nicht so gut ging eine Grenzüberschreitung für Lutz Bachmann aus, der die Pegida damit in Wirklichkeit selbst aus dem Spiel nahm. Im Grunde verstand es Bachmann, die Stimmung der Bevölkerung zu erfassen und die richtigen Worte zu wählen. Er verstand auch, dass ihm Provokation Aufmerksamkeit und damit Macht brachte. Doch eine Grenzüberschreitung aus seiner Anfangszeit wurde ihm zum Verhängnis, als ein von ihm auf Facebook gepostetes Foto auftauchte, das ihn mit Hitler-Bart zeigte. Es erschien am Cover der *Bild*. Der bisherige Applaus seiner Anhänger wich ihrem Entsetzen. Die meisten wandten sich ab. Der Anführer war ausgeschaltet. Die Pegida zerfiel de facto.

Auch Geert Wilders überschritt mit seiner »Partei für die Freiheit« einmal die feine Linie zwischen maximaler Provokation und dem Abgrund von Ekel und Abscheu. Der entscheidende Fehler unterlief ihm im März 2014, wenige Monate vor der Europa-Wahl. Bei einer Veranstaltung in Den Haag rief er seinen Anhängern zu: »Wollt ihr in dieser Stadt und in den Niederlanden mehr oder weniger Marokkaner?« Die Menge erwiderte: »Weniger, weniger!«

»Das werden wir dann regeln«, antwortete Wilders unter lautem Applaus.

Diese unheimlichen Bilder mit Wilders vor einem wild gewordenen Mob gingen in der Folge durch die Medien, und die Bevölkerung bekam Angst. Die Empörung der anderen Parteien, die jetzt erfolgte, nutzte ihm in diesem Fall nichts mehr, sie schadete ihm nur. Das niederländische Fernsehen wiederholte die Szene immer und immer wieder, und Wilders verlor bei der Europawahl massiv an Stimmen. Eine der großen Fragen, die sich Regierungsparteien deshalb stellen müssen, lautet also: Wie lassen sich Rechtspopulisten in diese, für sie typischen, Fehler treiben? Die Antwort ist einfach: Durch ignorieren.

Die Regierungsparteien haben dabei einen psychologischen Vorteil. Denn rechtspopulistische Anführer zeigen wie Haider meist eine narzisstische Persönlichkeitsstruktur. Bei manchen ist sie stärker, bei anderen schwächer ausgeprägt, aber sie ist bei so gut wie allen da. Es geht ihnen nicht darum, mit erlangter Macht ein politisches Modell umzusetzen. Sie wollen die Macht nicht, um zu gestalten. Es geht so gut wie allen genau wie Haider um die Anerkennung, um den Applaus, um die Aufmerksamkeit, um die Zustimmung und die Liebe der Massen. Für solche Menschen ist ignorieren die härteste Provokation. Denn sie sind permanent auf der Suche nach Selbstbestätigung. Sie handeln im Grunde aus mangelndem Selbstwertgefühl und haben Politik zu ihrer Therapie und ihrer Droge zugleich gemacht.

Bekommen sie die Bestätigung, die sie immer wieder aufs Neue brauchen, nicht mehr, brechen sie zusammen und scheitern. Jean-Marie Le Pen stürmte während seiner Demontage durch seine Tochter im Mai 2015 auf die Bühne des Front National bei dessen 1. Mai-Kundgebung in Paris. Während seine Tochter mit verkrampfter Miene und sichtlich ratlos hinter ihrem Rednerpult stand, streckte Vater Le Pen, in einen knallroten Regenmantel gekleidet, minutenlang seine Arme in Siegerpose in die Höhe und ließ sich bejubeln. Er ertrug den Entzug einfach nicht.

Diese narzisstische Persönlichkeitsstruktur und diese Sucht nach Applaus sind die Schwachstelle der Rechtspopulisten. Denn um Applaus zu bekommen, bedarf es zunächst der Aufmerksamkeit. Ignorieren sie ihre Gegenspieler im richtigen Moment, bleibt die Aufmerksamkeit aus und mit ihr der Applaus.

Regierungsparteien müssen sich deshalb darin üben, die gezielt dosierten und am Reißbrett der Spin-Doktoren auf maximale Wirkung ausgerichteten Provokationen und Tabubrüche zu erkennen und zu ignorieren. Wenn sie einfach nicht darauf einsteigen oder höchstens ihre für das Kläffen zuständigen Kettenhunde die jeweilige Ansage schulterzuckend als typischen rechtspopulistischen Provokationsversuch kommentieren lassen, bleibt auch die Solidarisierung der Bevölkerung mit den Rechtspopulisten aus.

Der ehemalige SPÖ-Bundeskanzler Viktor Klima hielt es einmal ein halbes Jahr durch, Haider auf diese Art zu ignorieren. Er ließ alle Tabubrüche, Provokationen und geplanten Entgleisungen Haiders beharrlich unkommentiert. Für Haider war das eine der schwierigsten Zeiten seiner politischen Karriere. Was immer er versuchte, nichts drang durch.

Bleiben die Empörung und Aufmerksamkeit aus, dosieren die Rechtspopulisten ihrer Provokationen höher. Um an den ersehnten Applaus zu kommen, rücken sie noch näher an die für sie gefährliche Geschmacksgrenze heran. Denn ohne die »Empörungsmaschinerie« funktioniert weder ihr persönliches Bedürfnisbefriedigungssystem noch ihr politisches Modell.

Das ist die Phase, in der ihnen als Grenzgängern leicht Fehltritte unterlaufen. Sie überschreiten die Geschmacksgrenze. Sobald sie Entsetzen statt Applaus geerntet haben, und wirklich erst dann, ist der richtige Zeitpunkt für die Empörung ihrer politischen Gegenspieler gekommen. Denn zu diesem Zeitpunkt trifft die Rechtspopulisten, genau wie im Fall von Geert Wilders, diese Empörung am falschen Fuß. Dann verstärkt sie nicht den Applaus, sondern ihre Schmach. Ab diesem Zeitpunkt, und ebenfalls wirklich erst ab diesem, funktioniert auch Ausgrenzung. Wer jetzt sagt, mit so jemandem will ich nicht, hat die Stimmung auf seiner Seite. Die Strategie muss also sein: Ignorieren bis die Grenzüberschreitung passiert, dann empört reagieren und schließlich isolieren.

Es ließe sich dagegen halten, dass rechtspopulistische Tabubrüche, gerade wenn es sich um offene Koketterie mit dem Nationalsozialismus handelt, aus einer moralischen Verpflichtung heraus nicht einfach im Raum stehen bleiben dürfen. Das mag vielleicht stimmen, doch wer als Spin Doctor so denkt, kann gegen Rechtspopulisten nur verlieren. Denn der Sinn der Tabubrüche liegt nun einmal genau in dieser moralischen Entrüstung.

Außerdem ist es fragwürdig, bei jeder Wortmeldung, die auch nur einen Hauch von rechter Gesinnung trägt, gleich die Nazi-Keule zu schwingen. Auf Dauer bewirkt das nur eine Abstumpfung der Bevölkerung und der Wähler gegen diesen Vorwurf. Am Ende zuckt keiner mehr mit der Wimper, wenn einem rechtspopulistischen Politiker wieder einmal nationalsozialistische Denken vorgeworfen wird. Die Geschmacksgrenze verschiebt sich damit immer weiter nach außen, und ebenso die Wahrnehmung der Wähler, was eine indirekte Verharmlosung der Verbrechen des Zweiten Weltkrieges bedeutet.

Auf der Ebene der Gefühle, Stimmungen und Emotionen sind Rechtspopulisten nur schwer zu schlagen. Ihre Schwäche liegt vielmehr auf der sachpolitischen Ebene. Dort haben sie nichts zu bieten. Marine Le Pen brachte es einmal ganz offen auf den Punkt. »In der Politik geht es um Gefühle, nicht um Themen«, sagte sie.

Vorschläge der Rechtspopulisten sind wie gesagt meist utopisch. Es gibt so gut wie keine durchdachten Konzepte, ausgefeilte Modelle und ausgereifte Lösungen hinter ihren Parolen. Es fehlt ihnen an jeglicher Substanz. Genau dort müssen ihre Gegner ansetzen. Anstatt sich mit ihnen erfolglos auf der Ebene der Gefühle, Stimmungen und Emotionen zu schlagen, müssen sie die Populisten auf die sachpolitische Ebene zwingen und in inhaltliche Fachdiskussionen verwickeln. Dies immer wieder aufs Neue, denn die Rechtspopulisten nützen die jeweils erstbeste Gelegenheit, um von dort wieder zu fliehen, weil sie ganz genau wissen, dass ihnen dort die Entzauberung droht.

Strache zum Beispiel fordert in Österreich einen Zuwanderungsstopp oder gar eine »Minus-Zuwanderung«. Das klingt für verängstigte Protestwähler gut, ist aber in der Praxis nicht umsetzbar. Denn innerhalb der EU gilt die Niederlassungsfreiheit, an der auch Strache nicht vorbei kommt, an die Genfer Flüchtlingskonvention ist er ebenso wie alle anderen Politiker gebunden und Ausländer mit einem aufrechten Aufenthaltstitel kann er auch nicht abschieben.

Gleichzeitig verspricht Strache allen Wählern mehr Geld. Während es die Zuwanderer nicht mehr gibt, leben in seiner Propaganda alle Einheimischen wie im Schlaraffenland. Die kleinen und mittleren Einkommen und die Mindestpensionen steigen, die Sozial- und Familienleistungen ebenfalls. Gesundheitsversorgung, Bildung und Kinderbetreuung funktionieren nicht nur perfekt und flächendeckend, es gibt sie quasi auch noch zum Nulltarif. Wie er das alles finanzieren will, sagt Strache nicht. »Verwaltungsreform«, lautet dann die ebenso stereotype wie stupide Antwort. Obwohl eine Umsetzung aller seiner Forderungen und Versprechungen jedes Budget sprengen würde, versteigt er sich sogar zu dem Versprechen, parallel die Steuern und Abgaben deutlich zu senken. Ganz nebenbei kokettiert er auch mit einem Austritt aus der EU.

Es wäre leicht, Strache hier bloßzustellen und als politischen Utopisten zu enttarnen. Etwa, indem jemand die Kosten der Maßnahmen errechnet, die Strache und die FPÖ im Laufe eines Jahres fordern. Wahrscheinlich würde er selbst über die astronomische Zahl erschrecken. Trotzdem habe ich es erst ein einziges Mal erlebt, dass ein Journalist Strache die Kosten einiger aktueller Forderungen und Versprechungen vorrechnete, um dann bei der Finanzierungsfrage nachzuhaken. Es wurde eines der schlechtesten Interviews, die Strache je gab.

Strache agiert wie alle Populisten. Sie fordern das jeweils maximal Mögliche, egal wie unrealistisch es sein mag. Sie sprechen zwar Probleme und Defizite an, haben aber keinerlei umsetzbare Lösungen und wirksame Rezepte anzubieten. Dort müssen Regierungsparteien ansetzen. Während ihre für das Kläffen zuständigen Funktionäre die Vorschläge der Rechtspopulisten, immer mit feinem Sinn für die Wünsche vor deren Wählern, gelassen und konsequent als quasi padanisches Potpourri entlarven, müssen ihre Leitfiguren realistische Lösungen präsentieren, konsequent umsetzen und ihre Erfolge professionell vermarkten.

5. Populisten als Seismographen benützen

Um herauszufinden, wo dringender sachpolitischer Handlungsbedarf besteht oder bald bestehen wird, brauchen Regierungspolitiker eigentlich nur die Rechtspopulisten aufmerksam zu beobachten. Deren Anführer bringen neben Charisma fast immer ein Sensorium für die Gefühle, Ängste und Sorgen der Wähler mit. Sie erkennen oft Jahre vor ihren Gegnern, wo gesellschafts- und sozialpolitische Probleme schlummern. Populisten sind Seismographen der Gesellschaft und genau als solche gilt es sie auch zu benutzen.

So erkannte in Österreich Haider Anfang der Neunzigerjahre als erster Politiker die gesellschaftliche Konsequenz der vielen Gastarbeiter, die aufgrund eines Mangels an Arbeitskräften zuerst herzlich willkommen gewesen waren. Die Politik ging damals, in den Siebzigerjahren, davon aus, dass all diese Menschen nach getaner Arbeit wieder in ihr Heimatland zurückkehren würden, was die aber klarer Weise nicht wollten. Wegen der hohen Lebensqualität in Mitteleuropa und der oft prekären Situation in ihrer Heimat blieben viele einfach da.

Österreich ging damals sehr unfair mit ihnen um. Es gab so gut wie keine Integrationsmaßnahmen oder gar staatliche Unterstützungsprogramme. Zwei Jahrzehnte lang wanderten trotzdem immer mehr Leute ein. Sie bildeten eigene Communities und schotteten sich, so unverstanden, wie sie sich fühlten und tatsächlich waren, immer mehr vom Rest der Gesellschaft ab.

Die Regierungspolitik reagierte weiterhin nicht. So entstanden sozialpolitische Probleme, eine Kluft zwischen Inländern und Ausländern, die eine Radikalisierung auf beiden Seiten mit sich brachte. Die einen fühlten sich bedroht, die anderen ausgegrenzt. Die Situation verschärfte sich in zwanzig Jahren Zuwanderung laufend. Oft waren die kleinen Probleme des Alltags der Auslöser für ein feindseliges Aufeinanderprallen unterschiedlicher Kulturen. Der Feiertag der Muslime ist der Freitag. Da sammeln sie sich in den Moscheen und grillen Lamm im Hinterhof. Das stört die Österreicher von nebenan, denn ihr Feiertag ist der Sonntag, an dem sie gerne Schweinernes braten. Das mag banal, ja fast lächerlich klingen, aber diese Unterschiede im Alltag sind oftmals die Wurzel von Fremdenhass und Ausländerfeindlichkeit. Im Unterschied zu Politikern haben für die einfachen Bürger eben nicht die großen Fragen der Welt Priorität, sondern der Zustand ihrer unmittelbaren Umgebung. Sich dieser realen Lebenswelten der Menschen anzunehmen, daran führt kein Weg vorbei, doch die Politik ignoriert sie beharrlich. Es fehlte damals, genau wie heute, an Kümmer-Politikern.

Schließlich war es mit Haider ein Rechtspopulist, der als Erster darauf reagierte. Er sprach die kleinen und großen Probleme der Zuwanderung konsequent und direkt an. Doch anstatt ihre Fehler und Versäumnisse einzusehen und endlich Maßnahmen zur Integration und für ein besser funktionierendes Zusammenleben zu setzen, stellten seine Gegner Haider als Nazi hin. Auch als Haider auf die weiter wachsenden Konflikte 1993 mit einem eigenen Volksbegehren mit dem Slogan »Österreich zuerst« für strengere Zuwanderungsgesetze reagierte, unterließen die anderen Parteien die inhaltliche Auseinandersetzung mit dem Thema. Sie taten Haiders Forderungen vielmehr als Hetze ab. Die Probleme und Konflikte zwischen Inländern und Ausländern, die Haider ansprach, blieben. Es ist eine bittere Ironie, dass mit der SPÖ und der ÖVP genau jene Parteien die wesentlichen Forderungen des Volksbegehrens mit zehnjähriger Verspätung

Punkt für Punkt umsetzen, die damals die Straße dagegen mobilisiert und mit dem »Lichtermeer« die bis dahin größte Demonstration der Zweiten Republik initiierten haben.

Mit einer eigenen ministeriellen Ressortzuständigkeit, widmet sich Österreich dem Bereich Integration überhaupt erst seit wenigen Jahren. So weit, zur Förderung von Toleranz und Akzeptanz etwa den Religionsunterricht endlich durch einen verpflichtenden Ethik-Unterricht zu ersetzen, ist die Regierung aber noch immer nicht.

Der Islam ist ein weiteres Beispiel dafür, wie Rechtspopulisten als Seismographen der Gesellschaft funktionieren. Frühzeitig erkannten sie die wachsenden Ängste der restlichen Bevölkerung vor der Zunahme des Islams in der westlichen Welt und die resultierenden Gefahren aus dem wachsenden Missbrauch des islamischen Glaubens durch religiöse Fanatiker und Extremisten. Die Rechtspopulisten instrumentalisierten, wie immer, die Gefühle und Ängste der Bevölkerung, riefen den Kampf der Kulturen aus und zur Verteidigung des christlichen Abendlandes auf.

Der Niederländer Geert Wilders war einer der Ersten in Europa, der das Thema Islam für sich entdeckte. Das Feindbild Islam bedrohte in seiner Darstellung die christliche »Leitkultur«. Der Koran sei mit Hitlers »Mein Kampf« vergleichbar und gehöre daher ebenso verboten wie die Verschleierung der Muslima, forderte er. Er hielt sich genau an die im Rechtspopulismus bewährten Rezepte. Er pauschalierte und setzte Islam und Islamismus gleich. Er verstärkte die Ängste innerhalb der nicht-muslimischen Bevölkerung und brachte die Gruppen gegeneinander auf. Dass nicht alle Muslime Extremisten sind, weiß vermutlich auch Wilders, aber diesen Eindruck vermittelte er der Bevölkerung. Deren Ängste wuchsen und eine Radikalisierung auf beiden

Seiten setzte ein. Die einen fühlten sich verfolgt und stigmatisiert, die anderen bedroht. Der Gewinner hieß Wilders.

Religion ist ein Thema, das die Rechtspopulisten auch in Zukunft und über den Islam und den radikalen Islamismus hinaus stärken wird. Zum einen, weil es vor allem ihnen dient, wenn die Trennung von Religion und Staat als eine große Errungenschaft der Aufklärung zunehmend bröckelt. Zum anderen, weil sich die Regierungspolitiker auch hier als hilflos erweisen. Ihre Reaktion auf Wilders war die gleiche falsche wie einst auf Haider in der Ausländerfrage. Sie feindeten Wilders an und ignorierten das Problem. Als dann radikale Islamisten, also Menschen, die das Ziel haben, rücksichtslos ihr Wertesystem zu etablieren, tatsächlich Anschläge verübten, spielte das Wilders in die Hände. Er konnte von sich behaupten, es vorausgesehen und rechtzeitig davor gewarnt zu haben.

Selbst seit die Regierungen den Handlungsbedarf sehen, reagieren sie falsch. Die Lösung des Problems bestünde nach wie vor darin, die Muslime besser in die Gesellschaft zu integrieren und sie so gegenüber islamistischen Rattenfängern zu immunisieren. Vor allem die jungen Generationen. Stattdessen verabschieden Regierungspolitiker harte Anti-Terror-Gesetze, wirken aber der zunehmenden Spaltung und Radikalisierung der Gesellschaft in keiner Weise entgegen. Oder sie reagieren überhaupt so wie der deutsche Ex-Bundespräsident Christian Wulff, dessen Reaktion womöglich noch falscher war. »Der Islam gehört zu Deutschland« erklärte er, und erweckte damit bei breiten Bevölkerungsgruppen nach der Methode »Friss oder stirb« den resignativen Eindruck, sie müssten mit den daraus erwachsenden Problemen eben leben lernen. Ohne, dass ihnen die Politik dabei hilft. Die Medien überhäuften Wulff für diesen Satz mit Lob.

So gut dieser Satz wohl gemeint gewesen war, er nahm keine Rücksicht auf aktuelle Entwicklungen und Gefühle. Aus Sicht der Verängstigten legitimiert er die Extremisten sogar. Wulff hätte sein Statement also etwas ausbauen müssen, auch wenn es dann nicht mehr so knackig geklungen hätte. Er hätte unmissverständlich klarstellen müssen, dass er Religionsfreiheit, Meinungsfreiheit, Gleichberechtigung und die Demokratie an sich gegenüber jeglicher Art von Extremismus zu verteidigen gewillt ist. »Der Islam gehört zu Deutschland, aber für Extremisten haben wir keinen Platz.« So etwa hätte eine Aussage geklungen, die alle verstanden und akzeptiert hätten. Sie hätte den meisten Menschen einen Teil ihrer Angst genommen.

Als Seismographen, die rechtspopulistische Politiker sind, sahen sie auch die Krisen voraus, die EU-Erweiterungen und der zu früh und zu schnell eingeführte Euro auslösten. Obwohl Haider in wirtschaftlichen Fragen eigentlich bemerkenswert untalentiert war, bewahrheiteten sich alle negativen Prognosen, die er anlässlich seines Schilling-Volksbegehrens Ende der Neunzigerjahre formulierte. Er warnte damals davor, dass die reichen Länder im Norden die ärmeren im Süden zu finanzieren haben würden und durch den Euro die Lebenshaltungskosten massiv steigen. Die europäischen Eliten überhörten in ihrer EU-Euphorie jedoch sämtliche Warnsignale und erweiterten die EU in Rekordtempo, ohne zugleich die europäischen Institutionen und Regelwerke an die wachsende Zahl von Mitgliedstaaten anzupassen. Sie nahmen Länder wie Griechenland in die Eurozone auf, von denen sie in Wahrheit von Beginn an wussten, dass sie dafür noch nicht bereit waren. Auf dem Boden dieser historischen Fehler gedeiht nun die radikal anti-europäische Politik der Populisten in ganz Europa. Sie tut es so üppig, dass mittlerweile das vereinte Europa in seiner Existenz gefährdet ist und zu zerfallen droht.

Seismographen für gesellschaftliche Entwicklungen und entstehende Problemzonen sind dabei aber nicht nur die Rechts-, sondern auch die Linkspopulisten. Der amerikanische Wirtschaftswissenschaftler James Tobin schlug 1972 eine Finanztransaktionssteuer auf internationale Devisengeschäfte vor. Tobin wollte mit einer Steuer für alle internationalen Devisentransaktionen die Spekulationen auf Währungsschwankungen eindämmen. Er wollte damit erreichen, dass die Wechselkurse stärker die langfristigen realwirtschaftlichen Phänomene als die kurzfristigen spekulativen Erwartungen widerspiegeln.

Während linke populistische Bewegungen aber auch Anti-Globalisierungsorganisationen die Idee der »Tobin-Tax« sofort ventilierten, taten sie sämtliche Regierungen aus etablierten Parteien in den vergangenen vier Jahrzehnten als Hirngespinst ab. Doch die zügellose Entwicklung der Finanzmärkte, die in der Finanzkrise endete, gab Tobin und den Linkspopulisten, die genau davor gewarnt hatten, Recht. Sie sahen die Grenzenlosigkeit, die heute an den Finanzmärkten herrscht, voraus und warnten zu Recht davor. Denn diese Entwicklung ist gefährlich. Sie kann die europäischen Volkswirtschaften auf lange Sicht gesehen zerstören. Sie treibt die Spaltung der Gesellschaft voran, indem sie die Kluft zwischen arm und reich vergrößert.

Den Regierungen, die alle Warnungen der Linkspopulisten zu lange ignoriert hatten, blieb nichts anderes übrig, als nach der Pleite der amerikanischen Investment-Bank »Lehman Brothers« und während der darauf folgenden Wirtschaftskrise die Märkte mit Steuergeldern in noch nie da gewesener Höhe zu stützen. Weil sie vorher nicht auf die Populisten, die in solchen Situationen tatsächlich Sprachrohre des Volkes sein können, hörten, musste jetzt das Volk zahlen. Die Folge ist, dass die Sozialdemokraten und die Konservativen mit einer Verspätung von mehr als vier Jahrzehnten die Tobin-Tax doch noch aufgreifen. Sie soll als Finanztransaktionssteuer in weiten Teilen der EU kommen.

Auch in Griechenland war es nicht überraschend, dass mit Alexis Tsipras im Jänner 2015 ein Linkspopulist die Wahlen gewann und an die Macht kam. Die von Brüssel vorgegebene und seitens der etablierten griechischen Parteien widerstandslos umgesetzte Austeritätspolitik hatte die Schuldenkrise Griechenlands nur verschärft. Vor allem haben alle die dramatischen Folgen dieser von oben diktierten Sparpolitik, insbesondere die Verarmung und Verelendung großer Bevölkerungsgruppen in Griechenland, billigend in Kauf genommen und ignoriert. So lange, bis das an sich klar pro-europäische griechische Volk genug hatte und sich als Protest in Massen dem neuen, linkspopulistischen Bündnis »Syriza« mit Alexis Tsipras an der Spitze zuwandte.

Tsipras spielte, wie es alle Populisten tun, auf der Klaviatur der Emotionen und Gefühle. Er ignorierte die Folgen der Sparpolitik für die Bevölkerung nicht, er thematisierte sie offensiv, beschwor dabei die griechische Geschichte und appellierte an den Stolz seiner Landsleute. Er warf die »Troika« der EU aus dem Land und ging, getrieben von seinen prononciert populistischem Finanzminister Yanis Varoufakis, auf Konfrontationskurs mit den europäischen Gläubigern.

Erst unter dem realpolitischen Druck der unmittelbar bevorstehenden Staatspleite änderte er seinen Kurs. Doch zu den radikalen Verwerfungen in der griechischen Politik und Gesellschaft wäre es nie gekommen, hätten die Vorgängerregierungen und die EU die griechischen Populisten für sich als Seismographen rechtzeitig benutzt und erkannt, dass die griechische Bevölkerung längst an ihrer Belastungsgrenze angekommen war.

Der Sparkurs zur Sanierung der maroden griechischen Finanzen ist an sich richtig, die EU hätte ihn aber von Beginn an mit Investitionsprogrammen und Wachstumshilfen begleiten, um ihn für die griechische Bevölkerung halbwegs erträglich zu gestalten. Eine Politik gegen das Volk und voll zu seinen Lasten ist auf Dauer niemals machbar. Die Zukunft lässt sich nur mit den Menschen gewinnen, niemals gegen sie.

In anderen Worten: Regierungspolitiker müssten, wenn ein Populist in seiner Funktion als Seismograph der Gesellschaft ein Problem ausmacht und ein Thema für sich entdeckt, prompt und vom Prinzip her immer auf die gleiche Weise reagieren. »Er hat ein Problem angesprochen, das wir ernst nehmen«, müssten sie sinngemäß sagen, »aber er hat keine Lösungen dafür. Wir hingegen haben sie und kümmern uns sofort darum.«

6. Re-ideologisieren

Die in ganz Europa grassierende Politikverdrossenheit nützt wie viele andere gesellschaftspolitische Entwicklungen ebenfalls vor allem den Rechtspopulisten. Sie erhöht die Bereitschaft, mit Rechtspopulisten den Protest zu wählen und radikale politische Tendenzen und Grenzüberschreitungen der Populisten zu akzeptieren. Außerdem mündet die Politikverdrossenheit am Ende in einer totalen Politikverweigerung, was zur Aushöhlung der Demokratie und einer erschreckenden Unkenntnis über deren Sinn und Wert führt.

Dies vor allem bei jüngeren Menschen. In Österreich ist das Wahlalter mit 16 Jahren bei Nationalratswahlen niedrig wie noch nie, während die politische Ahnungslosigkeit so groß wie noch nie ist. Desinteressierte und schlecht informierte Bürger sind aber besonders anfällig für die simplen Parolen und einfachen Botschaften der Rechtspopulisten. Es kommt nicht von ungefähr, dass die FPÖ bei den österreichischen Unter-Dreißigjährigen ganz vorne ist. Politische Bildung zur Stärkung der Mündigkeit der Bürger als Pflichtfach an den Schulen wäre eine sinnvolle und dringend nötige Gegenmaßnahme.

Denn die Bürger beginnen die Demokratie zu verlernen. Demokratie funktioniert durch den erzielten Konsens und das Ringen um Kompromisse. Demokratie lebt vom Diskurs und ist ein Wettstreit der Ideen. Im wahrsten Sinne des Wortes. Doch diese Prinzipien der Demokratie verstehen viele nicht mehr. Der Streit ist für sie immer negativ, der Kompromiss eine Niederlage, der Konsens eine Schwäche. Die Medien verstärken diesen Eindruck, indem sie jeden noch so kleinen Streit in einer Regierung gleich zu einem handfesten Koalitionskrach hochstilisieren, während sie Konsenspolitik als »Kuschelkurs« karikieren und jeden erzielten Kompromiss zu allererst danach abgesuchen, welche Partei mehr Zugeständnisse machen musste, um sie dann als Verlierer der Verhandlungen geißeln zu können.

Diese permanente Missinterpretation und falsche Darstellung grundlegender demokratischer Prozesse bewirkt, dass sich laut Umfragen etwa in Österreich jeder fünfte bis sechste Wähler einen starken Führer zu Lasten eines demokratischen Parlamentarismus wünscht. Das dient autoritär agierenden Populisten. »Die da oben streiten nur, bringen nichts weiter und stopfen sich auch noch die Taschen voll«, können sie sagen.

Viele Politologen, Soziologen und Meinungsforscher empfehlen der Politik als Mittel gegen Politikverdrossenheit eine Entideologisierung der Parteien. Das ist genau der falsche Weg. Entideologisierung untergräbt die Demokratie und nützt nur den Populisten, die jederzeit bereit sind, Protestwähler genau dort abzuholen, wo sie sich gerade befinden. Doch von etablierten Parteien erwarten Wähler, dass sie ihnen Halt geben, dass sie sich auf sie verlassen können, durch Berechenbarkeit, durch Glaubwürdigkeit, durch eine politische Denkart und gesellschaftspolitische Lebensart, die sie vorgeben und vorleben, durch eine standhaltende Ideologie als Wertegrundlage ihrer Politik und Leitbild für ihr Denken und Handeln. Die etablierten Parteien müssen sich deshalb nicht ent- sondern re-ideologisieren. Das bedeutet mehr fundierte Konzeptpolitik statt populistisch anmutender Tagespolitik und Anlassgesetzgebung.

Der häufig begangene schwerste Fehler der etablierten Parteien in der Auseinandersetzung mit Rechtspopulisten besteht darin, deren Verhaltensweisen anzunehmen, deren Stilmittel zu adaptieren und selbst zu verwenden und ebenfalls zur Politik der Gefühle und Emotionen zu schwenken. Es ist der meist verzweifelte und immer zum Scheitern verurteilte Versuch, die emotional immer wendigeren Rechtspopulisten bei ihren Stärken anzugreifen. Populisten sind nur über ihre oben beschriebenen Schwächen zu entzaubern.

Der konservative britische Premierminister David Cameron gewann bei den jüngsten britischen Wahlen die Mehrheit im »House of Commons«. Aber um welchen Preis? Mit dem klaren Zugeständnis an die rechten Populisten in Großbritannien, eine Volksabstimmung über den EU-Austritt durchzuführen. Diese Geister, die Cameron rief, wird er nicht mehr los und schadet damit dem ganzen Land. Jetzt muss er das Protestpotenzial auch bedienen, mit dem er sich eingelassen hat. Bricht er sein Versprechen, wenden sich noch mehr Enttäuschte der populistischen »UKIP« zu. Findet die Volksabstimmung statt, nützt es, ganz egal wie sie ausgeht, wieder nur den Populisten um Nigel Farage, weil sie damit ihre wichtigste Forderung durchgesetzt hätte, was ihm Auftrieb und einen massiven Bedeutungszuwachs brächte. Alleine deshalb, weil die Stimmen für den Austritt das beste aller bisherigen Wahlergebnisse von Farage weit übertreffen würden. Cameron verliert auf Sicht in jedem Fall, während Farage nur gewinnen kann.

Bloß einzelner Bausteine der rechtspopulistischen Strategie können sich auch andere Parteien bedienen. So etwa deren Hang zu direkter Demokratie und Bürgerbeteiligung. Es geht dabei darum, den Bürgern stärker das Gefühl zu geben, aktiver Teil der Entscheidungsprozesse zu sein. Das »die da oben« der Rechtspopulisten funktioniert dann nicht mehr so gut. Bei der Schaffung von Instrumenten der direkten Demokratie gilt es aber darauf zu achten, dass Rechtspopulisten sie nicht missbrauchen können, so wie es seit Jahren die SVP in der Schweiz tut. Die SVP benützt das politische System der Schweiz, das einen starken Fokus auf Bürgerbeteiligung legt, um über Volksabstimmungen ihre eigenen Themen zu kampagnisieren.

Überhaupt ist mehr Partizipation ein Schlüssel gegen Politikverdrossenheit und den weiteren Aufstieg der Populisten. Sobald Haider Landeshauptmann war, richtete er einen wöchentlichen Sprechtag ein. Angela Merkel versucht sich seit Juni 2015 unter dem Titel »Gut leben in Deutschland« an dieser Form des Bürger-Dialogs.

Die größte Chance für Partizipation liegt aber in den sozialen Medien. Sie werden die parlamentarischen Parteiensysteme, wie wir sie seit 1945 kennen, auf den Kopf stellen. Sie werden die bisher eindimensionale Interaktion zwischen Wählern und Politikern revolutionieren, indem Wähler unmittelbar und direkt antworten und mit ihren Politikern interagieren können. Egal wo sie gerade sind. Auf ein Politiker-Plakat können Wähler nicht unmittelbar antworten, auf einen Politiker-Tweet sehr wohl.

7. Differenziert berichten

Die Medien verlassen bei ihrer Berichterstattung über die Skandale der Rechtspopulisten traditionell das eherne journalistische Prinzip, dem zufolge sie keine Sache zu ihrer machen dürfen, und sei es eine gute. Sie machen die Sache der politischen Gegenspieler der Rechtspopulisten zu ihrer, gehen in deren Empörungspolitik auf und machen sich genau wie die Gegenspieler damit selbst zu Instrumenten der Rechtspopulisten.

Vor allem der Boulevard stürzt sich gierig und unreflektiert auf die kühl geplanten Skandale der Rechtspopulisten und bedient damit ihre Interessen. Doch es ist längst nicht mehr nur der Boulevard. Die fortschreitende Trivialisierung in weiten Teilen der Berichterstattung sowie Aufregungsjournalismus und Infotainment, selbst in Qualitätsmedien. Fast alle aktuellen Medientrends helfen den Rechtspopulisten. Ich würde wetten, dass auch die, im Vergleich zur österreichischen, besser entwickelte deutsche Medienlandschaft in die gleichen falschen Verhaltensmuster kippt, wenn die neue AfD-Chefin Frauke Petry ihre ersten Skandale lostritt, die ihre Spin-Doktoren vermutlich gerade entwerfen.

Es wäre vor allem Aufgabe der öffentlich-rechtlichen Medien, ihre politische Bedeutung zu erkennen und ihre Verantwortung wahrzunehmen. Gerade dadurch, dass sie keine Sache zu ihrer machen, selbst wenn es eine gute zu sein scheint, und indem sie Stimmungen im Volk erkennen und mit entsprechenden Produkten darauf reagieren. Derzeit nimmt »das Volk« vor allem sie als von der Regierungspolitik infiltrierte anonyme Apparate wahr, als Teil von »denen da oben«, während in Polit-Talkshows die immer gleichen Repräsentanten eines aus Sicht des Volkes abgehobenen Establishments die Welt erklären.

Es gibt auch positive Beispiele. In Österreich gibt es das unregelmäßig produzierte Format »Bürgerforum« mit Peter Resetarits und Münire Inam, in dem einfache Bürger Fragen stellen und ihre Meinung sagen können. Diese vom ORF geschaffene Form von Kontakt zwischen Politik und Wählern ist geeignet, Rechtspopulisten zu schwächen. Denn die Menschen fühlen sich dabei ernstgenommen und verstanden.

In Russland veranstaltet Vladimir Putin regelmäßig eine stundenlange Sendung, bei der Bürger bei ihm anrufen können. In seinem Fall sind die Fragen vermutlich abgesprochen, von der Objektivität des Senders kann keine Rede sein und der wahre Plan Putins dahinter ist zweifellos nicht die ernsthafte Beteiligung sondern lediglich die Beruhigung der Bürger, doch der Ansatz ist richtungsweisend.

Statt sich beharrlich auf die Seite der Gegner der Rechtspopulisten zu stellen, sollten sich die Medien also auch hier auf ihre eigentliche gesellschaftliche Aufgabe besinnen und vom oberflächlichen Polit-tainment zu einer objektiven Berichterstattung mit Tiefgang zurückkehren. Damit würden sie dem Rechtspopulismus am stärksten zusetzen.

Populisten haben immer Angst vor Künstlern, speziell vor Satirikern und Humoristen. 2007 strahlte der ORF eine wöchentliche Satireserie unter dem Titel »Die Vier Da« aus. Jede der dreißigminütigen Sendungen griff ein Thema aus dem aktuellen gesellschaftlichen, politischen und sozialen Leben Österreichs auf. Eine Episode widmete sich unter dem Titel »Kärnten III« diesem Bundesland und seinem Landeshauptmann Jörg Haider. Anlehnend an die Historie des Zweiten Weltkrieges und der Nachkriegszeit erzählte sie rückblickend von der Wiedervereinigung eines von Haider eingerichteten Freistaates Kärnten mit Österreich durch die vier Siegermächte Wien, Steiermark, Osttirol und Slowenien. Haiders Schergen mussten sich im Zuge der »Wolfsberger Prozesse« vor Gericht verantworten, während die befreite und ausgehungerte Kärntner Bevölkerung mit Brathühnern und Bratwürsten notversorgt wurde. Unter Leitung der Kärntner Skilegende Franz Klammer wurde eine provisorische Landesregierung eingerichtet.

Ich bog mich vor Lachen. Deshalb besorgte ich mir die DVD und spielte sie Haider vor. Doch der fand das überhaupt nicht witzig. Er regte sich sogar ziemlich darüber auf. Er verstand nicht, warum der ORF derlei ausstrahlte. »Ich werde mich beim Generaldirektor beschweren«, sagte er.

Nichts entlarvt die Motive, Absichten und Fehler der Populisten besser und erzielt damit eine größere Wirkung, als gut gemachte Satire, weshalb populistische Politiker diese Form ihrer Entzauberung mitunter am meisten fürchten. Der Satiriker Florian Scheuba schaffte es immer wieder mit der Imitation von Haiders Stimme, dessen populistischen Stil der Lächerlichkeit preiszugeben. Es sind immer Künstler, und es müssen nicht unbedingt Satiriker sein, die Stilmittel und Mechanismen des Populismus am besten durchschauen. Elfriede Jelinek etwa, die dem Phänomen Haider ganze Theaterstücke widmete, tat es. Als mich einmal eine Kärntner Wochenzeitung anlässlich eines Porträts fragte, welche Literatur ich gerne lese, nannte ich ihre Werke. Haider stellte mich daraufhin zur Rede. »Die ist doch eine unserer schärfsten Gegnerinnen«, sagte er. Ich sah sie nicht als Gegnerin und verstand auch Haider in dem Punkt nicht. Ich war auch damals der Meinung, dass Kunst ein wichtiges Korrektiv ist und alles dürfen muss. Deshalb stand ich zu meiner Aussage in dem Interview. »Sie ist ein literarisches Genie«, sagte ich.

Die Populisten hingegen feinden die Künstler bewusst an und versuchen, die eigenen Wähler gegen sie aufzubringen und so zu immunisieren. Sie suchen bewusst die Auseinandersetzung mit ihnen und ordnen kritische Künstler systematisch dem linken Rand zu. Die etablierten Parteien müssen deshalb die Stimme der Kunst stärken. Vor allem finanziell. Kunst und Kultur sind Lebenselixiere freier, demokratischer Staaten und Gift für Populisten.

Jugendträume können sich wie nebenbei verwirklichen, ohne dass man es richtig merkt. Als sich meiner verwirklichte, hatte ich keine Zeit, es zu feiern. Ich hatte nicht einmal Zeit, mich zurückzulehnen und mir zu denken, so, es ist so weit.

Haider übernahm im Vorfeld der Nationalratswahl in 2008 wieder selbst die Bundespartei und machte mich zum Generalsekretär. Was ich damals als großen Traum mit meiner krakeligen Schrift in ein Schulheft geschrieben hatte, war Wirklichkeit geworden.

Doch für mich bedeutete das vor allem mehr Arbeit, denn ich war unter anderem weiterhin sein Pressesprecher sowie geschäftsführender Landesobmann in Kärnten. Haider hatte mich sogar zum stellvertretenden Präsidenten der Parteiakademie gemacht. Ich war alles geworden, das ein Mann der zweiten Reihe in der Partei werden konnte. Ich war, praktisch schon eine Weile und jetzt auch formell, der zweite Mann hinter Haider.

Größer als meine Freude darüber war meine Sorge, ob ich mich in dieser Rolle bei den für 26. September 2008 ausgerufenen Neuwahlen bewähren können würde. Meine Chancen dazu standen eher schlecht. Schon bei der Nationalratswahl 2006 war dem BZÖ nur durch ein überdurchschnittlich gutes Ergebnis in Kärnten der Einzug ins Parlament mit 4,2 Prozent denkbar knapp geglückt. Der damalige BZÖ-Chef Peter Westenthaler kopierte die FPÖ, wobei er noch populistischer und provokanter sein wollte. Das ging nicht auf. Die FPÖ war bei gemeinsamen Themen glaubwürdiger gewesen. Zudem hatte es Skandale und Schwierigkeiten in den zwei Jahren nach 2006 gegeben. In allen Umfragen lagen wir unter vier Prozent, womit wir den Einzug ins Parlament diesmal verpassen würden. Es herrschte allgemeiner Konsens darüber, dass das Projekt BZÖ gescheitert war.

Wir führten lange Diskussionen darüber, wer diesmal als Spitzenkandidat antreten sollte. Denn Westenthaler kam nicht mehr in Frage. Als die Entscheidung schon überfällig war, rief mich Haider aus dem »Aenea«, einem Designhotel am Südufer des Wörthersees, an. »Ich muss mit dir über die Wahl reden«, sagte er. »Komm vorbei. Wir brauchen einen Spitzenkandidaten.«

Haider saß mit seiner Frau am See und ich warf ihm Namen um Namen hin. Er wirkte entspannt an diesem Tag, doch bei jedem meiner Vorschläge verzog er das Gesicht. Mir gingen langsam die Ideen aus. Ich traute mich kaum noch, weitere Vorschläge zu machen. »Einer fällt mir noch ein«, sagte ich schließlich. »Du wirst mich für verrückt halten, aber wenn du es dir genau überlegst, wirst du feststellen, dass es funktionieren kann.«

Ich schlug ihm Ewald Stadler vor. Eine Partei, die in den Umfragen bei zwei bis drei Prozent lag, brauchte meiner Meinung nach einen wortgewaltigen und erfahrenen politischen Profi, und das war Stadler. Haider verstand, was ich meinte. »Das Problem ist, dass Stadler sich nicht steuern lässt«, sagte er.

»Er handelt manchmal eigenmächtig, da hast du Recht«, sagte ich. »Aber ich kann gut mit ihm. Und auf dich hört er. Ich denke, dass wir ihn im Griff haben.«

Haider dachte still nach. »Ja, das ist gut«, sagte er schließlich. »Super.« Er klopfte mir aufs Knie. »Stadler wird Spitzenkandidat.«

Stadler war sofort einverstanden. Diese Entscheidung innerhalb der Partei durchzusetzen, würde aber ausnahmsweise nicht ganz einfach werden, das wussten wir. Denn Stadler war anfangs einer der erbittertsten Feinde des BZÖ gewesen und erst später von den Freiheitlichen zu uns gewechselt. Die Fotos für die Plakate waren schon mitten im Entstehen, als die noch amtierende Parteispitze um Peter Westenthaler sich querlegte. Sie hatte Stadler noch nicht verziehen.

Blieb nur noch die Variante, dass Haider selbst kandidierte. Ich versuchte es mit allen Mitteln zu verhindern, denn Haider hatte auf Bundesebene noch immer das Image des Spalters der FPÖ und sein permanenter Zick-Zack-Kurs mit Ansagen von »Bin weg« bis »Bin wieder da« von damals wirkte bundesweit noch massiv negativ nach. Eine Niederlage würde ihn in Kärnten entzaubern, was umso bedenklicher war, als dort kurz nach der Nationalratswahl, im Jahr 2009, die nächsten Landtagswahlen anstanden. »Du hast nichts davon und es ist zu riskant«, sagte ich. »Wenn das schief geht, ist auch deine Position als Landeshauptmann in Gefahr.«

Letztlich blieb Haider aber unsere einzige Option. Er rechnete sich Chancen aus, bestand aber darauf, dass ich den Wahlkampf leite. Ich sträubte mich zuerst auch diesmal, aber unter dem Druck der Partei, die Haider unbedingt als Spitzenkandidat wollte, gab ich schließlich nach. »Ich halte es nach wie vor für falsch, aber wenn du es unbedingt machen willst, bin ich dabei«, sagte ich. »Es wird aber auf jeden Fall hart.«

Mir war bewusst, dass an dieser Wahl für mich alles hing, denn bei einem Misserfolg wäre mein wahr gewordener Kindheitstraum gleich wieder geplatzt. Doch ich hatte einen Vorteil. Ich hatte in den vergangenen Jahren mehr Zeit mit Haider verbracht, als mit irgendeinem anderen Menschen. Vermutlich kannte ihn niemand so gut und von so vielen Seiten wie ich. Deshalb wusste ich genau, was ihm wichtig war. Um dieses Wissen wollte ich unsere Wahlkampfstrategie aufbauen.

Die FPÖ rechts zu überholen, wie es Westenthaler versucht hatte, kam für mich damit endgültig nicht mehr infrage. Ich wollte lieber bei Haiders Schwenk in die Mitte weiter machen, den er noch als FPÖ-Chef bereits aus rein taktischem Kalkül vollzogen hatte, und ihn dabei neu erfinden.

Haider sollte in meiner Wahlkampfplanung nicht länger nur Rebell sein, sondern auch verlässliche Stütze, als die ich ihn in den vergangenen Jahren selbst erlebt hatte. Er konnte ein großzügiger verzeihender Mensch sein. Außerdem wankte er zwar manchmal, aber er fiel nie. Diese Eigenschaften hatte er schon immer gehabt, aber jetzt, mit 58 Jahren, strahlte er sie auch aus. Er war in seiner Aufgabe als Landeshauptmann zum Staatsmann gereift und in gewisser Weise bei sich angekommen. Darauf wollte ich aufbauen.

»Wir lassen die rechten Parolen in diesem Wahlkampf komplett weg. Das hast du nicht mehr notwendig und das bist auch nicht mehr du«, sagte ich zu ihm. Er stimmte zu und wirkte geradezu erleichtert, nicht mehr die Rolle des ewigen Polit-Rabauken spielen zu müssen.

Ich ließ also die rechte Hetze weg, baute alles um das Profil des erfahrenen Landesvaters auf und positionierte ihn so als »Elder Statesman«. Dass er gealtert war und durch seine Entwicklung Gelassenheit und Kompetenz ausstrahlte, half mir. Es wurde eine weiche Kampagne ohne Feindbilder und markige Sprüche. Einmal in Denker-Pose, einmal mit ausgestreckter Hand und offenem Gesichtsausdruck und einmal mit aufgekrempelten Ärmeln in der Rolle des Anpackers lächelte Haider von den Plakaten. »Deinetwegen. Österreich.«, lautete der Slogan.

In den Medien war die Rede von einem »neuen Haider« und dem »gereiften Staatsmann«, dem »Geläuterten«, und ausnahmsweise hatten sie sogar Recht, denn ausnahmsweise spielte Haider keine Rolle.

Bestandteil der Idee war auch, es Gerhard Schröder nachzumachen, der als Ministerpräsident in Niedersachsen deutscher Kanzler wurde. »Mein Modell Niedersachsen für ganz Deutschland«, hatte er sinngemäß verkündet. Haiders Modell war Kärnten, und das sah, weil noch niemand nachgerechnet hatte, damals gut aus. Goldene Jahre für ganz Österreich, das war der Subtext. Unserer Themen waren Wirtschaft, Arbeitsplätze und Soziales, die Zuwanderung nahmen wir nur noch am Rand mit.

Womöglich noch wichtiger als den anderen Parteien war uns die Medienpräsenz. Denn vor allem im Fernsehen konnte Haider seine Wandlung zum Staatsmann zeigen. Die Fernsehduelle in der Schlussphase des Wahlkampfes waren für uns deshalb entscheidend. Mit einem Team an Referenten bereitete ich Haider vor jedem Duell bis ins letzte Detail vor. Er bekam jedes Mal 120 bis 140 Seiten Material. Es waren richtige kleine Lexika, die er genau las.

Das erste dieser Duelle war zugleich das schwierigste von allen: »Elder Statesman« Jörg Haider gegen den rechtspopulistischen FPÖ-Chef Heinz-Christian Strache. Die Medien heizten die Stimmung im Vorfeld auf und Haider bereitete sich besonders intensiv vor. Ich hatte ihn in den vergangenen Jahren zu jeder Fernsehsendung begleitet, aber so nervös hatte ich ihn noch nie erlebt. Bereits eine halbe Stunde vor Beginn saß er am Diskussionstisch im TV-Studio, während er sonst immer erst wenige Minuten vor Sendungsbeginn eintraf. Doch plötzlich stand Haider auf und wollte noch einmal hinaus. Er durchquerte das große und verwinkelte Gebäude des ORF, um an die frische Luft zu gelangen. Minutenlang ging er draußen schweigend auf und ab. Er wusste, bei einer Niederlage gegen seinen Erzfeind Strache, wäre der Wahlkampf auch schon wieder vorbei und so gut wie verloren.

Ich hatte im Vorfeld alles an möglichem Material gegen Strache zu recherchieren versucht. Das ging so weit, dass wir ihm in seinem Ibiza-Urlaub einen deutschen Paparazzi hinterher geschickt hatten. Wir hatten allerdings nicht das erhoffte, komprimierende Fotomaterial bekommen, sondern bloß eine fette Rechnung. Das Einzige, was ich über meine verbliebenen FPÖ-Kontakte heraus gefunden hatte, war, dass Strache Haider das Du-Wort entziehen würde, sobald ihm Haider die Gelegenheit dazu geben würde.

Meiner Meinung nach war das für uns ein Vorteil. Auch Haider sah das so. Seine ehemalige Mitstreiterin Heide Schmidt, die Mitte der Neunzigerjahre die FPÖ verlassen und mit einigen Abgeordneten das Liberale Forum gegründet hatte, hatte das auch versucht und war damit gescheitert. Sie hatte eher unsympathisch und ein bisschen kindisch gewirkt.

Es kam also zur »Entscheidungsschlacht« zwischen zwei Erzfeinden. Haider duzte Strache bei der ersten sich bietenden Gelegenheit explizit. Nach zwei Minuten reagierte Strache wie vorhergesagt. Er entzog Haider das Du-Wort. Haider reagierte bewusst diplomatisch. Der Punkt ging klar an Haider, und es war ein wichtiger, weil er den weiteren Verlauf des Duells beeinflusste.

Strache hatte einen schwarzen Koffer dabei, den er bei seinen Füßen abstellte. Ich war gespannt, welche Überraschung er daraus hervorzaubern würde. Gegen Ende des Duells öffnete er ihn schließlich. Was er zum Vorschein brachte, sah eher peinlich aus. Es war ein Geripp aus Plastik. »Das gebe ich Ihnen, weil Sie kein Rückgrat haben«, sagte er. Hinterher stand der Sieger in der Interpretation der Medien fest, und er hieß nicht Heinz-Christian Strache.

Die übrigen Fernsehduelle verliefen ähnlich gut. Wir kletterten in den Meinungsumfragen Stück für Stück nach oben. Der gereifte ehemalige Polit-Rabauke kam bei den Menschen an. Der Spitzenkandidat, die Inszenierung, alles lief wie geplant. Das waren die Wahlkämpfe, die Spaß machten. In so einem Fall galt es für mich nur, den Kurs zu halten und keine Fehler mehr im Finish zu machen.

In der heißen Phase dieses Wahlkampfes, an dem Tag, an dem Haiders Fernsehduell mit dem grünen Spitzenkandidaten Alexander van der Bellen anstand, fiel mir jedoch auf, dass Haider ein wenig gebückt ging und das Gesicht manchmal im Schmerz verzog. Er war immer diszipliniert und hart zu sich selbst gewesen. Selbst angeschlagen oder krank hatte er sein Programm immer durchgezogen. Als ich ihn jetzt fragte, was los sei, winkte er zunächst auch nur ab. Doch schließlich gestand er, dass er Schmerzen im Bauch hätte.

Als er das Hemd hob, sah ich eine entzündete blau-violette Beule auf seinem Bauch. Härte zu sich selbst war da die falsche Maßnahme, das war mir klar. »Du musst sofort zum Arzt«, sagte ich.

Widerwillig konsultierte er daraufhin einen befreundeten Arzt, der die Angelegenheit diskret behandeln würde. Der Arzt diagnostizierte eine durch einen Insektenstich oder Talgknoten ausgelöste Entzündung, die so weit fortgeschritten war, dass bereits eine Blutvergiftung einsetzte. »Wenn Sie noch ein paar Tage zugewartet hätten, wären Sie tot gewesen«, sagte er.

Der Arzt operierte ihn sofort. Als Haider zurück war und von der Diagnose und Operation erzählte, kontaktierte ich den Arzt.

»Ist der Landeshauptmann nach einer Vollnarkose überhaupt in der Lage, abends ein Fernsehduell zu bestreiten?«, fragte ich.

»Jeder reagiert anders auf eine Vollnarkose«, sagte der Arzt. »Es kann sein, dass nichts passiert. Es kann aber auch sein, dass ihm plötzlich übel wird oder er in Ohnmacht fällt.«

Haider bestand dennoch darauf, das Fernsehduell zu bestreiten. »Absagen? Ausgeschlossen«, sagte er.

Mit diesen Mahnungen des Arztes im Ohr fuhren wir nach Wien. Ich rief die Moderatorin der Sendung, Ingrid Thurnher, an und informierte sie mit der Bitte um Vertraulichkeit über das Geschehene und die Gefahr eines Schwindelanfalls oder Erbrechens, damit sie im Ernstfall vorbereitet war. Sie bedankte sich freundlich für die Information.

Haider wurde ärgerlich, als er das Gespräch mitbekam. Er war überzeugt, dass der ORF dieses Wissen gegen ihn verwenden würde. Das brachte mich auf die Idee, die Sache positiv für uns zu nutzen. Der wilde Hund, der am Nachmittag noch am OP-Tisch liegt und am Abend schon wieder im Fernsehstudio sitzt. Das müsste eigentlich gut ankommen, dachte ich. Es bediente das Image von Haider, dem Unverwüstlichen, das gut in mein Wahlkampfkonzept passte. Ich rief den Chefredakteur eines Boulevardblattes an und wir hielten unterwegs zum ORF bei einem Café, wo schon ein Fotograf wartete und Haiders Bauchverband ablichtete.

Im Fernsehstudio gab ich Ingrid Thurnher Bescheid, dass wir uns anders entschieden hätten. Wenn sie die Operation ansprechen wolle, stehe ihr das frei. Doch Haider wartete das nicht ab. Er sprach das Thema von sich aus gleich am Anfang an. Er entschuldigte sich bei den Zusehern und bei van der Bellen dafür, dass er möglicherweise etwas müde wirke. Er sei wegen eines Insektenstichs erst wenige Stunden zuvor operiert worden.

Wie hätte van der Bellen reagieren sollen? Er konnte ihm nur sein Mitgefühl bekunden. Das Fernsehduell war damit bereits entschieden, noch bevor ein Wort über Politik gefallen war.

Als wir wenig später im Auto unterwegs waren, gab mir ein Meinungsforscher die aktuellen Umfragewerte durch. »Das Wahlergebnis fällt mit hoher Wahrscheinlichkeit zweistellig aus«, sagte er. Ich jubelte im Auto, doch Haider wollte davon nichts wissen. Er traute diesen Voraussagen nicht. Er wollte ihnen schon deshalb nicht trauen, weil das im Intensivwahlkampf Druck aus dem Team genommen hätte.

Am Abend des Wahltages warteten wir einmal mehr auf die erste Hochrechnung um 17 Uhr, auf diese Sekunden, in denen auf den Bildschirmen erscheinende Zahlen und Balken ganze Politikerkarrieren machen oder zerstören. Haider war nicht in der Wiener Bundesparteizentrale. Die erste Stellungnahme sollte ich als Generalsekretär übernehmen, erst die zweite, nach Bekanntgabe der genauen Zahlen, würde er übernehmen. Haider wollte erst später, nach den Hochrechnungen, kommen. Vorerst war er in Kärnten geblieben. Zu Mittag hatte er seine Stimme abgegeben. »Ich glaube, das wird ein guter Tag«, hatte er dabei mit seinem neuen »Elder-Statesman«-Lächeln in die Kameras gesagt. Den Nachmittag hatte er mit seiner Familie verbracht. Ich schaltete bewusst mein Telefon aus, sonst hätte mich alle zwei Minuten ein nervöser Funktionär angerufen.

Der Balken für das BZÖ kletterte und kletterte. Zum Stillstand kam er in der ersten Hochrechnung erst bei 11,9 Prozent. Diese Sekunden hatten diesmal Haiders endgültiges Comeback gebracht. Er hatte den höchsten Wählerzugewinn mit einem Plus von 7,8 Prozent errungen und war der Sieger des Abends.

»Du kannst dich nie richtig freuen«, sagte er zu mir, als ich die Wahlfeier noch vor Mitternacht frühzeitig und völlig erschöpft verließ. Später schrieb er mir noch eine SMS. »Ich danke dir für alles. Ohne dich hätte ich das nie geschafft. Du bist der Beste.« Eine Nachricht, die mir mehr wert war als alle meine Funktionen innerhalb der Partei. Sie war mein persönlicher Ritterschlag.

Ich bekam noch eine andere Bestätigung, die mir fast ebenso viel bedeutete. Bei einer Parteiversammlung in Kärnten wenige Tage später, bei der wir noch einmal den Wahlerfolg feierten, meldete sich eine ältere Dame aus dem Bezirk Hermagor zu Wort. »Ich gratuliere euch, aber ich habe einen Wunsch«, sagte sie. »Bitte Jörg, der Stefan muss in Kärnten bleiben. Was der junge Mann leistet, ist ein Wahnsinn. Jetzt ist bald Landtagswahl. Da brauchen wir ihn.«

Der ganze Saal applaudierte. Als ich mich in dem Moment daran erinnerte, wie viele in der Partei mir anfangs ablehnend gegenüber gestanden waren, kamen mir nach all der Anstrengung und den Mühen die Tränen und ich musste mich am Podium abstützen, um sie zu verbergen. Doch Haider reagierte eher kühl. »Ich verstehe das«, sagte er. »Er wird in Kärnten weiterhin Pressesprecher bleiben und seine übrigen Aufgaben wahrnehmen. Auch den kommenden Landtagswahlkampf. Zu den Parlamentssitzungen fährt er aber nach Wien. Ich bestehe darauf, dass er sein Mandat im Nationalrat annimmt. Es soll für ihn auch eine Absicherung sein. Man weiß nie, was passiert.«

Haiders Abschied

Freitag, der 10. Oktober, ist der offizielle Kärntner Landesfeiertag. An diesem Tag gedenkt Kärnten seines erfolgreichen Abwehrkampfes gegen Truppen des kommunistischen Jugoslawiens, die Teile Südkärntens besetzten, sowie einer anschließenden Volksabstimmung im Jahr 1920, bei der sich eine Mehrheit der Kärntner für einen Verbleib bei Österreich entschied.

Jörg Haider hatte bei den Gedenkveranstaltungen als Landeshauptmann alljährlich repräsentative Aufgaben zu erfüllen. Die begannen auch an diesem 10. Oktober kurz nach der für ihn so erfolgreichen Nationalratswahl morgens um neun mit einer Kranzniederlegung am Soldatenfriedhof in Annabichl und einer Rede vor Bürgern sowie militärischen und kirchlichen Würdenträgern. Etwa die gleiche Prozedur mit der gleichen Rede vor fast dem gleichen Publikum wiederholte sich zwei Stunden später im Hof des Landhauses, wo zu diesem Zweck eine Bühne unter freiem Himmel stand.

Anschließend fuhr Haider zur Geburtstagsfeier eines Freundes, des Direktors des Klagenfurter Konzerthauses. Für den Rest des Tages standen keine Termine mehr in seinem Kalender, was selten vorkam. Ich fand, dass ihm die Pause nach den Strapazen des Wahlkampfes gut tun würde. Denn Haider wirkte nun wirklich müde. Die *Kleine Zeitung* wollte noch ein Interview, dann würde er Zeit für sich haben.

Am Weg zu dem Interview rief mich der Kärntner Vermögensverwalter Wolfgang Auer-Welsbach an. Er bezog sich darauf, dass ich seinen Sohn kannte, und wollte dringend den Landeshauptmann sprechen. Ich merkte an seiner sich überschlagenden Stimme, dass es ernst war. Also bestellte ich ihn nach dem

Interview ins »Moser Verdino«. Sein Unternehmen breche gerade zusammen, erzählte er uns dort, während seine Frau schluchzend neben ihm saß. Er sah seine letzte Chance in einer Landeshilfe. Haider sah das Problem. Viele Kärntner Kleinanleger würden mit einem Schlag ihr gesamtes Erspartes verlieren. Deshalb sagte er Auer-Welsbach zu, dass er sich um Hilfe bemühen werde. Während des bevorstehenden verlängerten Wochenendes sollte ich der Kontaktmann zwischen ihnen sein, falls die Ereignisse sich überschlagen sollten.

Danach hatte Haider wirklich frei. Er wollte einkaufen gehen, also begleitete ich ihn in eine Herrenboutique in der Innenstadt. Er probierte ein blaues Sakko an und kaufte sich schwarzgraue Jeans. Das Sakko war ihm zu groß, also ließ er es dort, um es ändern zu lassen, und nahm nur die Jeans. Anschließend gingen wir zurück zum »Moser Verdino«, wo sein Chauffeur wartete. Wir verabschiedeten uns mit Handschlag. Ich erzählte ihm noch, dass ich am Abend nach Velden fahren würde. Dort feierte das Hochglanzmagazin *Blitzlicht-Revue* in der direkt neben dem Casino Velden gelegenen Diskothek »Le Cabaret« ein Jubiläum. Haider hatte den Termin nicht eingeplant. »Gut, dass jemand von uns dort ist«, sagte er.

Er selbst wollte bald heim. Seine Mutter war da. Sie feierte im Kreis der Familie ihren neunzigsten Geburtstag. »Wenn etwas ist, bin ich erreichbar«, sagte ich. »Ansonsten ein schönes Wochenende. Erhol dich gut, und herzliche Glückwünsche von mir an deine Mutter.« Ich sah dem schwarzen Phaeton nach, als Haider weg fuhr.

Gegen 21 Uhr kam ich bei der Feier des Magazins an. Wie bei den meisten Medienveranstaltungen kannte ich so gut wie alle Anwesenden. Als mich Egon Rutter, der Herausgeber des

Magazins, entdeckte, kam er auf mich zu. »Kommt der Jörg auch?«, fragte er.

Ich schüttelte den Kopf. »Seine Mutter feiert am Wochenende ihren Neunziger. Der Landeshauptmann lässt sich entschuldigen.«

Ich nahm einen Drink und plauderte ein bisschen mit den Gästen. Ich freute mich darauf, heimzukommen. Vor mir lag ein unverplantes Wochenende, das ich nützen wollte, um mich zu sammeln. Ein Wahlkampf hat seine eigene Dynamik, aber das Leben geht danach weiter. Ich wollte darüber nachdenken, was als nächstes kam. Ich war schon fast so weit, mich zu verabschieden, als Rutter wieder auf mich zukam. »Was redest du?«, sagte er. »Er ist ja da.«

Im nächsten Moment stand Haider lächelnd vor mir. »Ich war noch unterwegs und dachte mir, ich schaue kurz vorbei«, sagte er.

Er war noch bei einem Szenewirt gewesen, mit dem er befreundet war, und der an diesem Tag Geburtstag gefeiert und ein neues Lokal aufgesperrt hatte. Ich fand das nicht in Ordnung. Haiders Familie wartete im Bärental seit dem Nachmittag auf ihn. Deshalb nahm ich ihn beiseite. »Schau lieber, dass du heimkommst«, sagte ich. Ich klang ziemlich unwirsch, weshalb uns einige Blicke trafen. Ich senkte die Stimme. »Du brauchst eine Pause«, sagte ich.

»Ich bleibe nicht lange«, sagte Haider.

Eben war ich noch privat auf der Feier gewesen, aber durch Haiders Rückkehr war ich wieder im Job. Wenn kein Referent da war, hatte ich in diese Rolle zu schlüpfen und Haiders Kontakte zu dokumentieren. Doch er blieb tatsächlich nicht lange. Kurz nach zehn Uhr brach er wieder auf. Ich begleitete ihn zu seinem

Wagen, der keine 200 Meter entfernt stand. Ich stieg mit ihm ins Auto und er brachte mich das kleine Stück zurück zur Diskothek. Was nicht nötig gewesen wäre, aber er bestand darauf. »Fährst du jetzt heim?«, fragte ich ihn.

Er nickte in der Dunkelheit des Wageninneren.

Ich ging zurück zur Party. Haider rief mich noch einmal an. Ich hörte das Rauschen des Autos im Telefonhörer, während er mit mir telefonierte. Er wollte noch kurz über Auer-Welsbach sprechen. Er hatte das Gefühl, dass hinter dessen wirtschaftlichen Problemen illegale Transaktionen stehen könnten, und dass wir deshalb vorsichtig sein müssten. »Durch die Finanzkrise wird überhaupt einiges ans Tageslicht kommen«, sagte er.

Ich beruhigte ihn. »Ich melde mich wie besprochen bei dir, falls sich bei Auer-Welsbach die Ereignisse überschlagen sollten. Mach dir also keine Sorgen, sondern genieße das Wochenende.«

Eine Weile blieb ich noch, doch kurz nach Mitternacht wurde ich müde. Ich fuhr in meine Klagenfurter Wohnung und ging schlafen. Ich hatte keine Gelegenheit mehr, nachzudenken, was als Nächstes kommen würde, denn kaum hatte ich mich hingelegt, fiel ich in einen traumlosen Schlaf.

Kurz nach zwei Uhr Morgens läutete mein Handy. Es war wie immer an und hing neben meinem Bett am Ladekabel. »Joschi Schütz ruft an«, stand auf dem Display.

Als ich den Namen las, war ich verwundert und ahnte, dass etwas nicht stimmen konnte. Haider selbst und alle möglichen Funktionäre aus der Partei, gelegentlich auch Journalisten, taten sich keinen Zwang an, mich notfalls mitten in der Nacht zu wecken. Aber Haiders Chauffeur hatte das noch nie getan. Noch im Halbschlaf hob ich ab. »Hallo?«

»Es ist etwas passiert. Der Landeshauptmann hatte einen Unfall«, sagte er.

Ich war mit einem Schlag hellwach. Ich brüllte ins Telefon. »Was sagst du? Wo ist er?«

»Der Landeshauptmann ist tot«, antwortete Schütz. »Angeblich.«

Ich stand jetzt aufrecht im Bett. »Was? Was heißt angeblich?«

»Ich habe diese Information von der Polizei. Mehr weiß ich auch nicht. Die Polizei hat mir einen Namen und eine Nummer genannt. Ruf dort an.«

Als Schütz aufgelegt hatte, schlug ich mir mit der Hand mehrmals ins Gesicht. Wach auf, dachte ich, es ist nur wieder dieser Traum. Doch ich konnte meine Schläge spüren. Diesmal gab es kein Erwachen.

Ich streifte über, was gerade in Reichweite war, und wählte die Nummer. Ein Polizeibeamter hob ab. Ich wusste, dass der Mann Polizeibeamter war, weil ich ihn kannte. Haider und ich hatten schon einige Male mit ihm zu tun gehabt. Er war einer der Männer in der Sicherheitsdirektion, die Haider bei Großveranstaltungen betreuten. »Stefan Petzner hier«, sagte ich. »Was ist passiert?«

Der Beamte wusste auch nicht viel mehr, als mir schon Schütz gesagt hatte. »Ein Unfall«, sagte er. »Sie haben ihn ins Landeskrankenhaus gebracht. Treffen wir uns dort.«

Ich lief hinunter zur Straße. Meine Wohnung lag in unmittelbarer Nähe der Landesregierung, also bestellte ich dorthin ein Taxi. In der dunklen Oktobernacht rannte ich vor dem verlassenen Gebäude auf und ab.

Der Taxifahrer erkannte mich und wusste sofort, dass etwas nicht stimmte. »Was ist denn passiert, Herr Petzner?«, fragte er.

»So schnell wie möglich ins LKH«, sagte ich. »Der Landes-hauptmann hatte einen Unfall.«

»Oh mein Gott.« Er trat aufs Gaspedal.

Die Polizei war noch nicht da, doch eine Schwester, die offenbar Bescheid wusste, erkannte mich. »Sie sind durch den falschen Eingang hereingekommen«, sagte sie.

Jemand brachte mich in einem Kleinbus durch die weitläufige Krankenhausanlage zum richtigen. Klamm und unfähig, einen vernünftigen Gedanken zu fassen, saß ich auf dem Rücksitz. Ich konnte und wollte mir einfach nicht vorstellen, dass Haider wirklich nicht mehr lebte. Wir passierten eine Einfahrt. Schließlich hielt der Wagen. Die Schiebetür ging auf und ich sprang wieder hinaus in die Nacht.

Ich betrat das Foyer des Krankenhauses. Hellbrauner Plastikboden, totale Krankenhausatmosphäre. Eine Glastür ging auf. Links lag ein Schwesternzimmer. Ich ging daran vorbei geradeaus weiter. Ein Arzt bog um die Ecke und steuerte auf mich zu. In der Mitte des Raumes trafen wir aufeinander. Ich schwieg. Ich wusste in diesem Moment, dass es nichts mehr zu sagen gab.

Seine Stimme klang sanft. »Es tut mir schrecklich leid«, sagte er, »aber wir konnten nichts mehr tun.«

Mir wurde schwarz vor Augen und ich sank zusammen. Als ich auf dem hellbraunen Plastikboden kauerte, war mir, als müsse ich mich festhalten, um nicht noch tiefer zu sinken.

So verharrte ich ohne Wahrnehmung der Zeit. Sekunden und Minuten schwammen ineinander, während ich aus der Ferne die Stimme des Arztes hörte. Anscheinend redete er auf mich ein, doch ich wusste auf einmal gar nichts mehr. Nur, dass ich es erst glauben würde, wenn ich ihn mit eigenen Augen sah. Als ich zu sprechen anfing, schien meine Stimme in meinem Kopf gefangen zu sein. Sie hallte darin. Ich versuchte lauter zu reden, aber es entstand nur ein Krächzen. »Wo ist er? Wo ist er?«

Der Arzt nahm mich an der Schulter und richtete mich auf. Wortlos schob er mich vor sich her. Nach ein paar Abzweigungen öffnete er eine Tür. Ich verstand nicht ganz, was das werden sollte, denn ich befand mich jetzt in einer Art Abstellraum. Die Wände und der Boden waren gefliest, die Wände hellblau und der Boden weiß. Alte Bettgestelle und andere Gerätschaften standen herum. Es war kühl.

Ich wandte mich zu dem Arzt um, doch er schwieg. Links von der Tür entdeckte ich ein Metallbett mit einem Gitter. Darin lag ein makelloses weißes Tuch über einem leblosen Körper. Weiterhin schweigend ging der Arzt zum Kopfende des Bettes und hob das Tuch sorgsam mit Daumen und Zeigefinger an.

Da lag er vor mir. Sein Gesicht war völlig unversehrt, bis auf eine kleine Wunde unter dem Kinn, die aussah, als hätte er sich beim Rasieren geschnitten. Er trug noch das gleiche lachsfarbene Hemd wie bei unserem Abschied in Velden. Es wirkte, als würde er schlafen.

Ich umfasste mit beiden Händen sein Gesicht. Es war kalt und starr. In diesem Moment traf mich der Schock so richtig. Mein Körper und mein ganzes Wesen verkrampften sich. Ich wusste nicht, was jetzt noch kommen konnte, weder in diesem Raum, noch in dieser Nacht, noch irgendwo oder irgendwann sonst.

Erst als der Arzt wieder sprach, schien die Zeit weiterzulaufen. »Es ist wohl besser, wenn wir jetzt gehen«, sagte er.

Eine Krankenhausmitarbeiterin machte mir im Schwesternzimmer Kaffee, während ich mit zittrigen Händen rauchte. Es lag wohl an einem menschlichen Schutzmechanismus, dass ich wieder scheinbar normal zu funktionieren begann und nur noch alles wie gedämpft wahrnahm. Es fühlte sich an, als wäre ich in Watte gepackt. Ich wurde wieder zum Pressesprecher.

Gedanken schossen mir durch den Kopf. Der Landeshauptmann war tot. Die Bundespartei war führungslos. Die Landespartei war führungslos. Kärnten war führungslos. Es kam mir vor, als bräuchte ich eine PR-Strategie für den Weltuntergang.

Haiders letzter Anruf fiel mir ein, bei dem er mir gesagt hatte, dass er am Heimweg sei. Ich sah am Handy nach. Wir hatten das Gespräch um 22.24 Uhr beendet. Ich fragte die Schwester, wann der Unfall passiert war. »Zwischen 1.14 und 1.18 Uhr«, sagte sie.

Ich begriff, dass es Probleme geben würde. Da klaffte eine Lücke von mehr als zwei Stunden. Irgendwo musste er noch gewesen sein. Irgendetwas musste er noch getan haben. Er war definitiv nicht am Heimweg gewesen, als wir um 22.24 Uhr aufgelegt hatten.

Ich ahnte, was am nächsten Tag passieren würde. Denn wie ich Haider kannte, war er wahrscheinlich noch in der Stadt unterwegs gewesen. Er hatte schon die Jubiläumsfeier ungern verlassen. Die Geburtstagsfeier und Lokaleröffnung, von der er mir im »Le Cabaret« erzählt hatte, fiel mir wieder ein. Gut möglich, dass er dorthin zurückgefahren war.

Der Wirt betrieb zwei Lokale. Das neu eröffnete »Benvindo« und den »Stadtkrämer«, ein bekanntes Szene- und Schwulenlokal. Wenn Haider zu der Eröffnungsfeier zurückgekehrt und dann mit den Feiernden weiter in den Stadtkrämer gezogen war, wäre das ein Skandal. Mir war klar, was geschrieben werden würde. Wenn alles schief ging, hatte er auch noch zu viel getrunken und war zu schnell gefahren. Das alles ging mir durch den Kopf.

Waren die Dinge wirklich so abgelaufen, wie ich es mir zusammen reimte, wollte ich alles tun, um die Wahrheit zu verschleiern. Ich wollte verhindern, dass wilde Spekulationen sein Erbe beschädigten. Ich würde lügen, auch wenn diese Lügen kaum halten würden. Ich fand, dass ich Haider das schuldig war, selbst wenn ich mich dabei selbst beschädigte. Der König ist tot, dachte ich, es lebe der König. Aber der König war nicht ich. Für mich bedeutete Haiders Tod nach allem, was ich über Politik wusste, wahrscheinlich ohnedies den Anfang vom politischen Ende.

Als Nächstes fiel mir seine Familie ein. Sie war im Bärental versammelt und wartete womöglich noch immer auf ihn. Sie hatte dort keinen Handyempfang. Jemand musste zu ihnen fahren. Ich bat die Ärzte und die Polizei um Stillschweigen, bis die Familie Bescheid wusste. Christine Kogler, Haiders langjährige Sekretärin, kam in Frage, die Nachricht zu überbringen. Haiders Familie kannte sie.

Wie alle Mitarbeiter des Landeshauptmannes war es auch Christine Kogler gewöhnt, zu Unzeiten durch Anrufe geweckt zu werden und schlief offenbar mit dem Handy in Reichweite. Wahrscheinlich kapierte sie so wenig wie ich, dass das Ganze kein böser Traum war, doch sie war bereit, sofort aufzubrechen. »Ich fahre«, sagte sie.

Während sie auf dem Weg ins Bärental war, rief ich die obersten Landesbeamten an. Außerdem informierte ich Gerhard Dörfler als Landeshauptmann-Stellvertreter, Harald Dobernig als Haiders Büroleiter und Kurt und Uwe Scheuch, obwohl Haider über ihre politische Funktion innerhalb der Partei hinaus nie eine Beziehung zu ihnen aufgebaut hatte.

Die Telefonate, auch die mit den Scheuchs, verliefen alle gleich. Immer die gleiche schockierte und ungläubige Reaktion. »Ich habe ihn gesehen. Ich habe ihn gesehen.« Damit beseitigte ich jedes Mal alle Zweifel. Du kannst ihnen nicht sagen, dass der Landeshauptmann tot ist und sie dann einfach weiter schlafen lassen, dachte ich. Deshalb forderte ich sie auf, in die Landesregierung zu kommen. Ich wusste selbst nicht, was wir dort sollten. Es war wie die Stunde vor der Stunde Null.

Relativ bald kam der Anruf Christine Koglers. »Sie sind alle schwer betroffen, aber sie tragen es mit Fassung«, sagte sie. Sie hatte zwei Mitarbeiter eines Kriseninterventionsteams des Roten Kreuzes ins Bärental mitgenommen. »Es geht ihnen den Umständen entsprechend«, sagte sie.

»Bleib du dort und kümmere dich um die Familie«, sagte ich. »Ich mache den Rest.«

Ich nahm ein Taxi zurück zur Landesregierung. Es war vier Uhr morgens. Die Stadt schlief. Die Fenster waren dunkel. Mitten aus dieser Dunkelheit ragte das Regierungsgebäude hervor. Alle seine Fenster waren hell erleuchtet. Ein gespenstisches Bild.

Ich ging die Treppen hinauf in den ersten Stock und öffnete die Glastüren zum Landeshauptmann-Trakt. Dort standen sie alle. Alle Parteimitglieder und Mitarbeiter, die ich angerufen hatte. Alle weinten.

Als ich eintrat, wandten sich alle Blicke mir zu. Es fühlte sich an, als würden sie mir einen Rucksack voller Steine umhängen. Sie schienen mit ihren Blicken alle das Gleiche zu sagen. »Stefan, bitte sag uns, wie es jetzt weitergehen soll.«

Ich wusste auch keine Antwort. Ich war der zweite Mann hinter Haider gewesen und sein engster Vertrauter. Doch ich war nicht der Mann für die Führungsrolle, das wusste ich. Wir standen beieinander, in dumpfem Schweigen, das nur wenige dumpfe Worte unterbrachen. Es gab in Wirklichkeit auch nichts zu sagen. Der König war tot, und vor uns lag das Nichts.

Ich zog mich alleine in mein Büro zurück und schaltete den Computer ein. Wie jeden Morgen sah ich die aktuellen Meldungen der Austria Presse Agentur durch, rief wichtige Seiten auf, öffnete mein Email-Programm und schaltete das Radio ein. Ich hatte vergessen, das Krankenhaus und die Polizei über die Aufhebung der Nachrichtensperre zu informieren, aber das hatte sich wohl ohnedies inzwischen erledigt. Stumm und unbewegt wartete ich auf diesen einen ersten Anruf, der eine österreichweite, ja weltweite Medienlawine in Gang bringen würde.

Auf einer Pinnwand hinter meinem Schreibtisch hing ein Zettel. Ich hatte ihn vor Monaten dort aufgehängt, weil es mich berührt hatte, was dort stand, obwohl es ziemlich kitschig war. Es war ein Zitat von Thomas von Aquin. »Du kannst nicht tiefer fallen, als in Gottes Hand«, stand darauf. Es war einer von den Momenten, in denen sich Kitsch relativiert. Es kam mir vor, als hätte ich ihn damals genau für diesen Moment aufgehängt. Denn der erste Anruf würde alles noch schlimmer machen. Haider war tot, aber das Leben, mein Leben, würde weitergehen und sein Tod würde künftig ein Teil davon sein.

Mein Telefon klingelte. Es war eine ausländische Nummer. Ein Schweizer Radiosender war in der Leitung. »Wir haben gerade erfahren, dass Jörg Haider gestorben ist. Können Sie das bestätigen?« Der Redakteur wollte nur wissen, ob es stimmte. Nichts weiter. »Ich kann und muss das bestätigen«, antwortete ich.

Die Lawine war ins Rollen gekommen. Um 4.23 Uhr erschien eine Eil-Meldung der APA, der offiziellen Nachrichtenagentur Österreichs, zu Haiders Tod auf meinem Bildschirm. Darauf folgte ein Anruf eines Redakteurs der Kärntner APA. »Ich weiß, es ist schwer«, sagte er. »Aber wir brauchen eine Bestätigung von dir und ein erstes Statement.«

Ich war verblüfft über die Lethargie, mit der ich antwortete. »Das ist wie ein Weltuntergang für uns«, sagte ich.

Als die APA meine Bestätigung gebracht hatte, prasselten Anrufe aus aller Welt auf mich herein. Jedes meiner drei Telefone, mein Festnetztelefon, mein Diensthandy und mein privates Handy, läuteten ununterbrochen.

Es dauerte nicht lange, bis die Journalisten nach dem genaueren Unfallhergang zu fragen anfingen. Ich wollte Zeit gewinnen. Ich berief eine Pressekonferenz ein, um dort alle Fragen auf einmal zu beantworten.

Gerhard Dörfler, der neue Landeshauptmann, war bereit, sie gemeinsam mit mir zu bestreiten. Außerdem bat ich den Stadtpolizeikommandanten von Klagenfurt und den Leiter der medizinischen Abteilung des Landeskrankenhauses dazu. Ich schickte die Einladung um 7.16 Uhr aus und setzte die Pressekonferenz für 10.00 Uhr im Spiegelsaal der Landesregierung an.

Ich hatte nur wenig Zeit dazwischen, aber die nutzte ich, um heim zu gehen. Es war wohl angebracht, bei dieser Pressekonferenz schwarz zu tragen.

Zum ersten Mal seit der Todesnachricht war ich wieder alleine in meiner Wohnung. Im Badezimmer hielt ich inne. Ich blieb vor dem Spiegel stehen und versuchte, meiner Trauer freien Lauf zu lassen. Es gelang mir nicht. Ich fühlte mich noch immer wie in Watte gepackt. Ich spürte den Abgrund in mir, aber jetzt konnte ich mich ihm nicht stellen.

Mit einem zerknitterten Notizzettel in der Hand betrat ich den Spiegelsaal. Auf dem Zettel standen die Namen des Leiters der medizinischen Abteilung am LKH Klagenfurt und des Klagenfurter Polizeichefs, die links und rechts neben Dörfler und mir sitzen würden. Mehr nicht.

Der Saal war prallvoll. »Stefan, nur damit du es weißt«, sagte der Chefredakteur des ORF Kärnten im Vorbeigehen zu mir, »wir übertragen bundesweit live.«

Österreich und die ganze Welt sahen also zu. Ich musste diese Pressekonferenz so gut wie möglich über die Bühne bringen. Also begrüßte ich formell und übergab das Wort an die beiden Experten.

Jörg Haider habe aus medizinischer Sicht de facto keine Überlebenschance gehabt, sagte der Arzt. Er sei sofort tot gewesen, nachdem bei dem schweren Aufprall ein zentraler Nervenstrang im Rückenmark gerissen sei.

Der Polizeichef erklärte, Haider sei bei der Ausfahrt Klagenfurt in Höhe der Ortschaft Lambichl rechts von der Straße abgekommen. Das Fahrzeug sei ins Schleudern geraten, gegen einen Hydranten geprallt, habe sich dann überschlagen und sei wieder auf der Straße zum Stehen gekommen, sagte er sinngemäß.

Beide schilderten die Details sachlich professionell. Ich wollte deshalb danach etwas Persönliches sagen, um den für mich zu mechanischen Ablauf der Pressekonferenz zu brechen.

Ich ließ meinen Blick durch den Spiegelsaal wandern. Meine bisher gedämpfte Wahrnehmung wurde etwas klarer. Es kam mir vor, als würde ich die vielen Menschen hier erst jetzt richtig sehen. Ich erkannte einzelne Gesichter. Die gesamte Regierungsmannschaft der ÖVP war da. Alle hatten Tränen in den Augen. Selbst unsere politischen Gegner von der SPÖ, deren Spitzenfunktionäre ebenfalls gekommen waren. Auch Journalisten, die jahrelang erbittert gegen uns geschrieben hatten, standen da und weinten.

Dieser Anblick brach mich emotional. Ich konnte mich nicht mehr zurückhalten. Ausgerechnet jetzt, am Podium dieser bundesweit live übertragenen Pressekonferenz, bersteten bei mir alle Dämme. Ich wusste nicht mehr genau, was ich alles redete. Alle meine aufgestauten Emotionen brachen aus mir heraus. Ich spürte nur, dass, was ich redete, nicht gut war. »Er war mein Lebensmensch«, hörte ich mich sagen.

Ich stoppte und lehnte mich zu Dörfler. »Gerhard, bitte«, sagte ich.

»Für uns ist die Sonne vom Himmel gefallen«, sagte er.

Dörfler übernahm die Leitung der Pressekonferenz. Das bereitete mir etwas Zeit, mich zu fassen. Die Pressekonferenz war so gut wie vorbei, als Elisabeth Steiner vom *Standard*, genau diese eine Frage stellte, die ich die ganze Zeit über auf mich zukommen gesehen hatte, ohne eine Antwort darauf zu wissen. »Das heißt, Sie waren der Letzte, der Jörg Haider lebend gesehen hat?«, fragte sie.

Jahrelang hatte ich perfekt funktioniert. Jahrelang war ich perfekt vorbereitet gewesen und hatte auf jede Frage die richtige Antwort gewusst. Mir waren so gut wie nie Fehler unterlaufen. Selbst nach dem Tod meines Kindheitsidols, das zur Über-Figur in meinem Leben geworden war, war ich bereit gewesen, zu funktionieren. Doch in dieser emotionalen Ausnahmesituation, als sich diese Redakteurin an mich wandte, beging ich einen entscheidenden Fehler. »Meines Wissens nach ja«, hätte die richtige Antwort gelautet. So einfach wäre es gewesen. Es wäre die Wahrheit gewesen und ich hätte alles offen gelassen. Doch darauf kam ich nicht. In meiner, der Emotion des Augenblicks geschuldeten Besessenheit, den toten Haider vor Gerüchten schützen zu müssen, ließ ich die ersten drei Wörter dieses Satzes weg. »Ja«, sagte ich einfach nur. Im vollen Wissen, dass es unmöglich stimmen konnte.

Nach der Pressekonferenz rief mich ein Spitzenfunktionär der Partei an. »Wir müssen entscheiden, wie es politisch weiter geht«, sagte er. Während Kärnten trauerte und ich um Schadensbegrenzung kämpfte, machten sich die Parteispitzen in den Hinterzimmern offenbar längst daran, die Macht neu zu verteilen. Vielleicht war meine Karriere schon jetzt beendet, bloß hatte es mir noch keiner gesagt, dachte ich.

»Kleines Präsidium« nannte der Funktionär die bereits anberaumte Besprechung. Gewöhnlich waren bei einem kleinen Präsidium der Klubobmann, der Landesgeschäftsführer, unsere Landesregierungsmitglieder sowie der Büroleiter und der Pressesprecher des Landeshauptmannes dabei, und natürlich der Landeshauptmann selbst. Ich fand es deshalb makaber, ausgerechnet diesen Terminus zu benutzen, andererseits mussten wir tatsächlich rasch handeln. Irgendjemand musste entscheiden, wie Kärnten ab jetzt zu regieren wäre. Zum ersten Mal in meinem Leben fand ich das harte Geschäft der Politik abstoßend.

Als die Besprechung losging, dämmerte mir, dass sich die politischen Funktionäre unter der Leitung von Kurt und Uwe Scheuch tatsächlich bereits alles untereinander ausgemacht hatten. Das »kleine Präsidium« diente nur noch der Verkündigung des Ergebnisses. Kurt Scheuch, der Obmann des Kärntner Landtagsklubs war, führte das Wort.

Gerhard Dörfler würde Landeshauptmann sein. Uwe Scheuch, der bisher Landesrat mit Ressorts wie Naturschutz, Jagd, Jugend und Bildung gewesen war, würde sein erster Stellvertreter als Landeshauptmann sowie Landesparteiobmann werden. Dobernig sollte Finanzlandesrat und Regierungsmitglied werden. »Du wirst Bundesparteiobmann und Klubobmann in Wien«, sagte Kurt Scheuch zu mir.

Trotz der knapp mehr als zehn Prozent, die Haider letztendlich bei der Nationalratswahl erkämpft hatte, bedeutete das, dass sie mich nach Wien entsorgten. Sie wollten mich aus Kärnten, wo das Machtzentrum der Partei lag, raus haben. »Jemand muss sich um die Bundespartei kümmern«, sagte Kurt Scheuch. »Du hast ja schon das Mandat im Nationalrat, und bist als stellvertretender Bundesparteiobmann und Generalsekretär mit Sitz und Stimme im Bundesvorstand.«

Ich war eigentlich zu durcheinander und erschöpft, um über Macht und Posten zu diskutieren. Trotzdem hielt ich eine Stunde lang dagegen. Vor allem deshalb, weil die Rolle des Chefs einer Bundespartei, die immerhin mehr als zehn Prozent der Stimmen bekommen hatte, nicht zu mir passte. Ich würde nicht gut darin sein. Ich fühlte mich mit 26 Jahren zu jung dafür und ich kannte mich in Wien nicht aus. »Ich finde im Parlament nicht einmal das nächste Klo«, sagte ich. Ich konnte nur scheitern.

Eine der ersten Aufgaben des künftigen bzö-Bundesparteiobmanns würden dann auch noch die Regierungsverhandlungen nach der Wahl sein. Dabei würde ich kaum eine gute Figur machen, schon gar nicht nach meinem Ausbruch bei der Pressekonferenz. Den würden vielleicht noch die Kärntner, aber sicher nicht die Wiener nachvollziehen können.

In Kärnten hingegen hätte ich bestehen können. Hier kannte ich mich aus, und ich hatte immerhin noch die Funktion des geschäftsführenden Landesparteiobmanns inne. Doch Uwe Scheuch wollte dieses Amt unbedingt haben. Die Entscheidungen waren gefallen. Ich hatte verloren.

»Du solltest gleich morgen nach Wien fahren, damit dort niemand auf dumme Ideen kommt«, sagte Kurt Scheuch zu mir. Bei einer Bundesparteisitzung sollte ich offiziell die Position übernehmen. Damit wäre die Bundespartei gerettet und in Kärntner Hand. »Du setzt dich hin und erklärst denen, was Sache ist«, sagte Kurt Scheuch.

Am Ende der Besprechung forderte er alle auf, einen Kreis zu bilden. Die Herren in der Runde nahmen sich gegenseitig an den Schultern, wie das Fußballer vor einem Spiel tun. Wie ein Trainer hielt Kurt Scheuch eine pathetische Motivationsrede. »Dieser kleine Kreis hat die Aufgabe, Haiders Erbe weiter zu tragen«, sagte er. »Wir werden uns dieser Aufgabe als würdig erweisen. Wir werden immer zusammenhalten.«

Ihr werdet alles kaputt machen, ging es mir währenddessen durch den Kopf. Mir war klar, dass die Scheuchs gerne gleich die ganze Partei übernommen und den Landeshauptmann gestellt hätten, aber das Faktum, dass sie an Dörfler als Landeshauptmann-Stellvertreter Haiders im Moment nicht vorbeikamen, zur Kenntnis genommen hatten. Doch wenn einer von ihnen stellvertretender Landeshauptmann war, konnten sie Dörfler wegputschen, sobald der bei der kommenden Landtagswahl deutlich unter Haiders 43 Prozent blieb. Davon gingen sie zweifellos aus. Zum ersten Mal formte sich in meinem Kopf der Gedanke, Dörfler im nächsten Landtagswahlkampf zur Seite zu stehen.

Claudia Haider rief an und bat uns alle, ins Bärental zu kommen. Auf dem Weg dorthin hielten wir an der Unfallstelle. Die Bilder überrollten mich. Ich war zu keiner Regung fähig, außer zu Ungläubigkeit. Der Phaeton war noch da. Die Fahrerseite des massiven Wagens war völlig eingedrückt und die Fahrertür war ausgerissen. Der aufgegangene Airbag hing aus dem Lenkrad. Überall lagen Trümmer herum. Ich stand abseits von den anderen, die eine Gedenkminute abhielten. Hier sieht es aus wie nach einem Bombeneinschlag, murmelte ich vor mich hin. Ich wusste, dass es Bilder von diesem Schlachtfeld geben würde, und Menschen, die sich fragen würden, was hier wirklich geschehen war.

Wir fuhren weiter zur Familie. Wir fanden sie, wie Christine Kogler mir am Telefon schon gesagt hatte, trauernd aber gefasst vor. Wir nahmen in der mit hellem Holz eingerichteten Bauernstube im Erdgeschoß Platz, rund um einen Tisch, auf dem eine Kerze brannte. Ab und zu erzählte jemand eine Erinnerung an Haider, dazwischen Schweigen und Tränen. »Besser hätte er seinen Abgang nicht inszenieren können«, sagte jemand.

Ich ging zwischendurch immer wieder hinaus, um zu rauchen, und weil ich die Stimmung nicht ertrug. Es stimmte, dass Haider seinen Abgang nicht besser inszenieren hätte können, dachte ich. Mir fiel seine ständige Angst ein, die Menschen könnten ihn vergessen. Er hatte sich immer gewünscht, in den Geschichtsbüchern zumindest in den Kapiteln über die Kärntner Landesgeschichte einzugehen. Das war ihm gelungen. Die Mythenbildung hatte bereits eingesetzt.

Während die anderen drinnen in die Kerzenflamme starrten, dachte ich darüber nach, was das für den nächsten Landtagswahlkampf bedeutete, falls ich ihn wirklich leiten sollte. Mir wurde klar, dass das BZÖ nur mit einem Haider-Memorial-Wahlkampf eine Chance haben würde. Wenn, dann würde ich einen Wahlkampf mit einem Toten machen. Es tat gut, darüber nachzudenken. Es fühlte sich an, als würde ich Haider damit wieder ins Leben zurückholen. Ein Stück weit wenigstens.

Ich dachte daran, was er gesagt hatte, als er nach seiner Bemerkung über die ordentliche Beschäftigungspolitik im Dritten Reich als Landeshauptmann zurücktreten musste. »Passt mir auf mein Kärnten auf.« Damit würde ich arbeiten können. »Wir passen auf dein Kärnten auf.« Das würde einen guten Slogan abgeben, und für die anderen Parteien wäre so ein Wahlkampf ein Problem. Jeder Versuch der Kritik an Haider wäre zum Scheitern verurteilt. Ein Toter kann sich nicht wehren, würden die Menschen sagen, und wir würden auf jede kritische Äußerung mit harten Worten des Respektes und der Ehre reagieren. Das gehört sich nicht, würden wir sagen. Ich dachte an die Scheuchs und den Plan, den sie vielleicht hatten. Womöglich würden wir Haiders Ergebnis von 43 Prozent mit dieser Strategie sogar noch überbieten. Dann wäre Dörfler eine weitere Legislaturperiode als Landeshauptmann sicher.

Claudia Haider wünschte sich, dass ich in den kommenden Tagen bei ihnen im Bärental übernachte. Ich war bei Familienfeiern und anderen Anlässen immer wieder eingeladen gewesen, und sie wollte mich vermutlich nicht alleine daheim schlafen lassen. Doch vorerst standen eine Trauersitzung für die Funktionäre und einige Interviews an.

Die Interviews beunruhigten mich. Ich hatte zugesagt, weil ich es angesichts der Lücke, die es noch immer zwischen Haiders und meinem letzten Telefonat und dem Zeitpunkt seines Todes gab, besser fand, wenn ich redete, als jemand anderer. Es ging mir jetzt nicht mehr nur aus persönlichen Gründen darum, sein Erbe zu schützen. Auch ein Memorial-Wahlkampf würde nur mit einem intakten Mythos funktionieren. War Haider wirklich in dem Schwulenlokal gewesen und danach betrunken in Richtung Bärental gerast, würde das übel aussehen.

Auf dem Weg zurück zur Landesregierung kaufte ich mir an einer Tankstelle Zigaretten. Erst da kapierte ich so richtig, welche Reaktionen die Pressekonferenz ausgelöst hatte. Fremde Menschen kamen zu mir und erwiesen mir eine Aufmerksamkeit, die ich bis dahin nie gekannt hatte. Sie klopften mir auf die Schulter und umarmten mich. Sie wollten wohl den jungen Mann, der im Fernsehen so ehrliche Emotionen gezeigt hatte, trösten.

Doch ich konnte mich nicht einfach so den Ereignissen überlassen. Ich musste jenen Szenewirt anrufen, den Besitzer der beiden Lokale, in denen Haider nach unserer Verabschiedung noch gewesen sein könnte. Ich beauftragte einen Mitarbeiter, mir seine Handynummer zu beschaffen. Doch ehe ich sie hatte, rief der Wirt mich an. »Ich muss mit dir reden«, sagte er. »Können wir uns treffen?«

»Du brauchst gar nichts zu sagen«, sagte ich. »Er war noch bei euch, richtig?«

»Ja. Kannst du noch heute ins Benvindo kommen? Wir müssen reden.«

Als ich in dem neu eröffneten Lokal ankam, hatte er extra zugesperrt, damit wir vertraulich sprechen konnten. Wir setzten uns in der Küche an einen Tisch für das Personal. »Er ist gestern in der Nacht noch einmal zurückgekommen«, sagte er. Er habe sich schon bei Haiders erstem Besuch gefreut, erzählte er. Schließlich war eine Lokaleröffnung mit dem Landeshauptmann als Gast schon einmal ein guter Start. »Irgendwann hat er angerufen und gefragt, wo alle sind«, sagte er. Haider sei ins Benvindo zurückgekehrt und habe dort niemanden mehr vorgefunden. »Ich habe ihn in den Stadtkrämer gelotst, wo wir inzwischen alle gelandet waren. Es war eine lockere Runde.«

»Wie war er, als er gefahren ist?«

»Wie meinst du das?«

»War er betrunken?«

»Er war ziemlich betrunken. Ich habe ihm angeboten, ihn

heimzufahren, aber er wollte nicht. Er sagte, er würde hier in Klagenfurt schlafen.«

Jeder wusste, wo Haider in Klagenfurt wohnte. Das Haus war zu Fuß nur wenige Minuten vom Stadtkrämer entfernt. »Ich habe es falsch gemacht«, sagte der Wirt. »Ich hätte ihn trotzdem begleiten müssen.«

»Haider war ein erwachsener Mensch, der seine Entscheidungen selbst getroffen hat«, sagte ich. »Du kannst nichts dafür.«

»RTL und die *Bild*-Zeitung haben schon angerufen«, redete er weiter. »Was soll ich tun?«

»Die deutschen Medien sind gefährlich«, sagte ich. »Was immer du mit ihnen tust, wird falsch sein. Du schaltest einfach dein Handy ab und machst zwei Wochen Urlaub. Den Stadtkrämer sperrst du zu, wegen Betriebsurlaub oder Umbauarbeiten. Die Kosten trägt die Partei, die Verantwortung übernehme ich.«

Ich schlief unruhig in dieser Nacht. Ich rechnete Claudia Haider ihre Einladung ins Bärental hoch an, aber es war gespenstisch. Ich lag im Gästezimmer des Hauses, das ich als Haiders Haus kannte, und er lebte nicht mehr. Haider war in einem Schwulenlokal gewesen und dann betrunken mit dem Auto gefahren, wie ich es befürchtet hatte. Ich hatte bei der Pressekonferenz gelogen. Bisher war in meiner Politik-Laufbahn alles gut gegangen, dachte ich. Vielleicht hatte es damit jetzt ein Ende.

Am nächsten Tag ging eine noch nie dagewesene Welle an Betroffenheit, Trauer und Hysterie durch das Land. Eine derart emotionale Reaktion auf den Tod eines Politikers hatte es zuvor nie gegeben, auch nicht bei großen Staatenlenkern wie dem legendären österreichischen Kanzler Bruno Kreisky. Es gab Vergleiche Haiders mit Lady Diana. Er stieg posthum zum Landeshauptmann der Herzen auf.

Innerhalb kürzester Zeit entstand der Mythos Haider. Eine fast kultartige Anbetung und Verehrung setzte ein. Darunter mischten sich fast ebenso rasch Verschwörungstheorien. Weil Haider den Mächtigen im Weg gewesen war, und weil er wieder am Sprung ganz nach oben gewesen war, haben sie ihn aus dem Weg geräumt, lautete ihr Tenor.

Am Sonntag um 13:01 kam die Meldung, dass Haider mit weit überhöhter Geschwindigkeit in den Tod gerast war. Die Untersuchung hatte 142 Stundenkilometer ergeben, in einer Zone, in der nur 70 Stundenkilometer erlaubt gewesen wären. Der Leiter der Staatsanwaltschaft Klagenfurt teilte das dem ORF mit.

Österreich war nach wie vor im Ausnahmezustand. Vor der Landesregierung und bei der Unfallstelle bildeten sich Lichtermeere und Lokale blieben geschlossen. Freund und Feind waren schockiert und trauerten. Die Vorbereitungen zum Begräbnis waren voll im Gange und internationale Gäste, darunter Saif Gaddafi, der Sohn des Diktators, meldeten sich an. Menschen stellten sich in Schlangen vor den Kondolenzbüchern an. Die wenigen detaillierten Fragen nach den Ereignissen in der Unfallnacht gingen in der allgemeinen Gemütsbewegung unter.

Für viele war ich nach meinem Auftritt bei der Pressekonferenz noch immer das Gesicht der Trauer. Auf der Straße fielen mir fremde Menschen um den Hals, um ihre Trauer mit mir zu teilen. Ich bekam mehrere tausend Emails aus dem ganzen Land. Fremde riefen mich an, und stellten sich als Seher vor. Sie wüssten, dass Haider mir noch etwas sagen wolle, und sie könnten Kontakt zu ihm aufnehmen.

An diesem Sonntag fand auch die außerordentliche Bundesvorstandssitzung in Wien statt. Die Taktik der Scheuchs, mich schnell und schmerzlos als Bundesparteiobmann zu installieren, ging auf. Nach einer Trauerminute wählten mich die Vorstandsmitglieder zum designierten Bündnisobmann. »Es sind große Schuhe. Ich werde gehen, aber nicht fallen«, sagte ich in einer Pressekonferenz nach der Sitzung. Doch ich wusste, dass ich fallen würde. Mein Ziel war es, zwei bis drei Monate durchzuhalten.

Am Abend fuhr ich zurück nach Klagenfurt, wo im Dom der nächste Trauergottesdienst stattfand. Ich spürte, wie sich mein eigener seelischer Ausnahmezustand zuspitzte und hätte mir wohl besser eine Auszeit genommen, aber das ging nicht. Ich musste da sein, wenn die Fragen nach den Ereignissen in der Unfallnacht drängender wurden. Ich wollte versuchen, Spekulationen von Anfang an zu unterbinden. Ich würde durchhalten müssen, dachte ich. Ich hatte auch in den vergangenen fünf Jahren nie Urlaub gemacht, nicht einen Tag.

Am Dienstag, den 14. Oktober, fand ich mich mit 26 Jahren als Obmann der zweitstärksten Oppositionspartei an einem Verhandlungstisch wieder, an dem mir gegenüber der Bundeskanzler, der Finanzminister und der Nationalbankpräsident saßen. Die Themen waren die Finanzkrise und der Beschluss eines Bankenpakets. Die amtierende österreichische Regierung, bestehend aus der SPÖ und der ÖVP, hatte die Oppositionsparteien zu »Österreich-Gesprächen« eingeladen.

Ich war Wahlkampfleiter und rechte Hand Haiders gewesen, doch mit derartigen Verhandlungen hatte ich nie zu tun gehabt. Bei Haider hatte eine strenge Aufgabenverteilung geherrscht. Ich war für PR und Marketing zuständig gewesen, um die fachliche Ebene hatten sich andere gekümmert. Deshalb war ich bei Verhandlungen immer draußen geblieben.

Ich hatte gerade einmal fünf Minuten Zeit gehabt, das uns vorgelegte Konzept für ein »Bankenpaket« durchzulesen. Obwohl es dabei um Milliarden ging. Die anderen Anwesenden waren freundlich zu mir, aber ich fühlte mich unwohl. Als jeder ein Statement abgeben sollte, hielt ich mich so allgemein und kurz wie möglich.

Ich dachte vor und während der Sitzung viel mehr an Haiders Erbe, als an die Finanzkrise und ihre Folgen. Meine Lüge würde nicht mehr lange halten. Das Interesse an Haiders tragischem Tod war einfach zu groß. Nachdem dank des zuständigen Kärntner Staatsanwaltes bereits alle wussten, dass Haider zu schnell gefahren war, würden sie bald erfahren, dass er dabei betrunken gewesen war.

Am Mittwoch, den 15. Oktober veröffentlichte das Nachrichtenmagazin *News* in einer Vorabmeldung zur kommenden Ausgabe, dass es über den gesamten Obduktionsbericht verfüge und gab bekannt, dass »Haider stark alkoholisiert«, gewesen sei.

Als Lebender war Haider der »Unbesiegbare« gewesen, doch jetzt konnte er sich nicht mehr wehren. Ich hielt Rücksprache mit seiner Familie. »Die Wahrheit ist, wie sie ist«, hieß es. Ich musste die Angaben bestätigen. Auch den Grad seiner Alkoholisierung gab ich bekannt. Haider hatte 1,8 Promille.

War ich anfangs noch der trauernde Vertraute gewesen, schlugen mir jetzt von immer mehr Misstrauen und Abneigung entgegen. »Sie waren der Letzte, der ihn lebend gesehen hat. Warum haben Sie zugelassen, dass er alkoholisiert gefahren ist?« Selbst die Fremden auf der Straße begegneten mir jetzt mit vorwurfsvollen Blicken, und die Journalisten hakten nach. »Was verschweigen Sie?«

An diesem Abend hatte ich ein ORF-Interview zu geben. Obwohl ich als Pressesprecher gelernt hatte, was für hilflose Versuche Appelle an die Medien waren, verstieg ich mich in dieser Situation selbst zu einem. »Ich appelliere an die Medien und an die Öffentlichkeit, jetzt die Stopptaste zu drücken«, sagte ich. »Der Landeshauptmann hat ohnehin den höchsten Preis gezahlt, den man zahlen kann. Sein Leben.«

Am selben Tag gab ich der *Krone*-Redakteurin Nadja Weiss ein Video-Interview. Sie war ein Profi. Sie schuf im Gespräch einen Raum, in dem ich mich sicher fühlte und entspannte. Nach all dem Druck und den sachlichen Abhandlungen fragte sie mich, wie es mir eigentlich ging. Ich war seit der Unfallnacht allen Rede und Antwort gestanden. Doch wie es mir ging, hatte mich niemand gefragt. Sie war die Erste. Ich schüttete ihr mein Herz aus.

»Er war mein Lebensmensch«, hatte ich bei der Pressekonferenz unter Tränen gesagt, ein Wort, das die Sache ziemlich gut traf, das mir nach der ersten Welle von Mitgefühl inzwischen aber auch Häme einbrachte. Ich spürte, dass ich mir mit diesem neuerlichen emotionalen Ausbruch vor einer laufenden Kamera eine weitere Blöße gab. Denn bei dem Bedürfnis der Gesellschaft, die persönliche Ebene zwischen Haider und mir in ein Schema zu pressen, würde ich immer schlecht abschneiden. Trotzdem hatte ich ihm neuen Nährstoff gegeben.

Die Wahrheit war, dass Haider mein Mentor, mein Idol und der wichtigste Mensch in meinem Leben war, und ich war der Mensch für ihn, dem er am meisten vertraute, sein Berater, sein Stratege, sein Psychotherapeut. In diesem wechselseitigen Spannungsfeld war ein Ausmaß an Intensität entstanden, das im Rahmen eines Zeitungsinterviews zu erklären ein hoffnungsloser Versuch war. Alles, was dabei herauskommen konnte, war ein Zerrbild, das für jede Form der Interpretation offen blieb, und das in der oberflächlichen Betrachtung mit den Augen der Infotainment-Gesellschaft nur skurril wirken konnte.

Trotzdem redete ich mit der Journalistin weiter und immer weiter. Ich versuchte, es ihr zu erklären. Dass fünf Jahre meines Lebens einzig auf Haider aufgebaut gewesen waren. Dass ich alle meine anderen Freundschaften aus meiner Studentenzeit verloren hatte. Dass mein Karriereverlauf an seiner Seite für mein Alter steil gewesen war, und dass ich überdurchschnittlich gut verdient hatte. Dass es mein Traumjob gewesen war. Dass ich ihn als meine Berufung gesehen hatte und glücklich gewesen war. Dass ich mich im Hintergrund dabei immer schon alleine gefühlt hatte, was ich durch den ständigen Rummel um Haider, den ich zu gestalten und zu verwalten hatte, nie richtig gemerkt hatte. Dass ich jetzt, da er tot war, eine unglaubliche Leere fühlte. Dass der Mensch, der mein ganzes Leben bestimmt hatte, weg war und ich mich verloren fühlte. Verstand sie das? Selbst wenn, war ein Interview der falsche Ort für solche Bekenntnisse. Ich wusste es. Der richtige wäre ein Gespräch mit einem Vertrauten oder einem sehr guten Freund gewesen. Beides hatte ich nicht.

Beim Trauergottesdienst an diesem Abend im Wiener Stephansdom kam es zu einem Massenansturm. Noch einmal erlebte ich die Solidarisierung in der Trauer. Noch einmal kamen Menschen, die Trost suchten, zu mir, umarmten mich und erzählten mir ihre Lebensgeschichte, doch ich hatte ihnen nichts mehr zu geben. Ich war selbst am Ende. Ich konnte mich nicht um sie kümmern, und ich wusste, dass mit den allmählich durchsickernden Informationen über die Todesnacht die Töne immer giftiger werden würden. Ein Satz des Dompfarrers Toni

Faber drang durch meine Agonie zu mir durch. »Wer ohne Sünde ist, werfe den ersten Stein.«

Ein paar Stunden später rief mich ein Polizist an. Er wollte mir etwas unter dem Siegel der Verschwiegenheit erzählen. »Wir haben nie miteinander geredet«, sagte er.

»Klar«, sagte ich. »Was ist denn?«

»Der Leiter der Staatsanwaltschaft will morgen bekannt geben, in welchem Lokal Haider war.«

Es war mitten in der Nacht. Unversehens beschleunigte ich meine Schritte. Ich war nach dem Trauergottesdienst in Wien eigentlich schon wieder halb am Weg nach Kärnten und durchquerte mit dem BZÖ-Pressesprecher Heimo Lepuschitz gerade einen Park in Richtung meines Autos. »Du weißt, was das bedeutet«, sagte der Polizist zu mir. »Mach etwas.«

Es gab nur eine Person, die dem Staatsanwalt eine Weisung erteilen konnte, und das war die Justizministerin. Mir war bewusst, wie heikel derartige Weisungen waren. Ich musste deshalb selbst mit dem Staatsanwalt sprechen, auch wenn das Ergebnis vorhersehbar war. Haider und ich waren in den vergangenen Jahren Stammgäste bei der Kärntner Staatsanwaltschaft gewesen. Sie hatte immer wieder gegen uns ermittelt, etwa wegen unserer Tschetschenen-Kampagne. Wir hatten im klassischen rechtspopulistischen Stil darauf geantwortet und der Staatsanwaltschaft unterstellt, sie würde uns aus politischen Motiven verfolgen. Mehr als einmal hatten wir dabei die Abberufung des Leiters der Staatsanwaltschaft gefordert. Er würde also nicht gut auf mich zu sprechen sein.

Ich hatte seine Nummer nicht und rief unseren Partei-Anwalt an. »Ich muss sofort den Leiter der Staatsanwaltschaft sprechen«, sagte ich. »Finde ihn. Egal wie.«

Eine halbe Stunde später rief mich der Anwalt zurück. Er hatte ihn gefunden und bei einer Podiumsdiskussion von der Bühne geholt. »Er steht nun neben mir«, sagte der Anwalt.

Mit dem festen Vorsatz, freundlich zu bleiben, kam ich gleich zur Sache. »Ich habe gehört, dass Sie morgen das Lokal bekanntgeben wollen, in dem Haider vor seinem Unfall war.«

»Das ist korrekt«, sagte der Staatsanwalt. »Das werde ich tun.«

»Ich kann Sie nur ersuchen, es nicht zu tun«, sagte ich. »Sie wissen, was das auslösen würde. Unabhängig von allen politischen Differenzen, die wir hatten, spreche ich Sie als Mensch an. Vielleicht haben Sie auch Familie und können verstehen, was diese Veröffentlichung für Haiders Familie bedeuten würde. Meiner Meinung nach ist diese Veröffentlichung auch nicht gerechtfertigt. Sie hat nichts mit dem Unfallhergang zu tun.«

Meine Einwände waren dem Staatsanwalt offenbar egal, und meine Nerven waren schlechter, als es mein Vorsatz, freundlich zu bleiben, erfordert hätte. Ich schrie ihn an. »Wenn Sie das tun, tragen Sie die Konsequenzen.«

»Drohen Sie mir nur«, sagte er. »Das bin ich ja gewohnt.«

Mir war klar, dass er sein Vorhaben durchziehen würde. Ich stieß im nächtlichen Park alle Schimpfwörter aus, die mir einfielen. Ich schrie vor Wut richtig herum. Dann fuhr ich Lepuschitz an, er solle sofort die Justizministerin ans Telefon holen. Dank alter Kontakte schaffte er es tatsächlich, ihre Nummer aufzutreiben. Nachdem er gewählt hatte, reichte er mir das Telefon. Die Ministerin war schon zu Bett gegangen, das konnte ich an ihrer Stimme hören. »Was ist denn los?«, fragte sie.

»Verzeihen Sie bitte die späte Störung, Frau Ministerin, aber es ist dringend«, sagte ich. »Sonst hätte ich Sie nicht angerufen.«

»Schon in Ordnung«, sagte sie.

»Ich weiß, die Sache ist heikel, aber ich habe gerade die Information erhalten, dass der Leiter der Staatsanwaltschaft Klagenfurt morgen bekannt geben will, in welchem Lokal Jörg Haider vor seinem Unfalltod war. Es handelt sich um den Stadtkrämer, ein Klagenfurter Szene- und Schwulenlokal. Sie können sich vorstellen, welche Spekulationen das auslösen würde, und was das für seine Frau und seine beiden Töchter bedeuten würde. Ich habe bereits versucht, mit dem Staatsanwalt zu sprechen. Er ließ sich nicht davon abbringen. Ich kann Sie daher nur bitten, ihm eine Weisung zu erteilen.«

Die Justizministerin dachte lange nach. »Wenn die Familie das ausdrücklich wünscht, erteile ich die Weisung«, sagte sie schließlich.

Es war klar, dass Claudia Haider es ausdrücklich wünschen würde, trotzdem rief ich sie der Form halber an, holte mir ihre Bestätigung und gab der Justizministerin Bescheid. »In Ordnung«, sagte sie.

Am Donnerstag, den 16. Oktober, gab der Staatsanwalt dem ORF-Mittagsjournal ein Interview. Wenn ihm die Justizministerin tatsächlich eine Weisung erteilt hatte, was ich nicht wusste, ignorierte er sie. Er machte die heikle Information über das letzte Lokal, in dem Zeugen Haider gesehen hatten, publik. Game Over, dachte ich.

Jeder, der auch noch etwas loswerden wollte, kam danach zu Wort. Den Leiter der Staatsanwaltschaft stellte niemand in Frage, und der Rest kam, ebenfalls unhinterfragt, gleich mit. Zum Beispiel Behauptungen, Haider und ich hätten in der Todesnacht einen Streit gehabt. Wir hatten lediglich darüber diskutiert, dass er nicht gleich ins Bärental zu seiner Familie gefahren war, doch in dem Zerrbild, das viele jetzt von uns hatten, bekamen diese Dinge neues Gewicht. Für immer mehr Menschen war ich jetzt indirekt mitschuld an Haiders Tod. Dabei hätte er noch gelebt, wenn er auf mich gehört und gleich heimgefahren wäre.

Zur Todesursache hatte der Staatsanwalt in dem Interview für das Mittagsjournal nur gesagt, dass es ein Unfall gewesen sei, und dass es mehr darüber nicht zu sagen gäbe. Gerade das machte die Menschen misstrauisch. Die Verschwörungstheorien schienen sich zu verdichten. Auch weil noch immer Lücken in der Dokumentation der Ereignisse in Haiders Todesnacht bestanden.

Am Morgen des 16. Oktober, einem Donnerstag, sah ich mich auf den Titelseiten gleich mehrerer Zeitungen. Gut kam ich in keiner weg. »Das Wahrheitsproblem des Stefan Petzner«, hieß es, oder einfach: »Stefan Petzner hat gelogen«.

Ich las einfach nicht weiter, um mich selbst zu schützen. Ich lehnte mich hinter meinem Schreibtisch in der Kärntner Landesregierung zurück und rief meine Mutter an. Seit Haiders Tod hatte ich keinen Kontakt zu meiner Familie gehabt, obwohl vor allem meine Mutter immer eine wichtige Bezugsperson für mich gewesen war. »Ständig stehen Journalisten vor unserer Tür«, sagte sie. »Die *Bild*-Zeitung aus Deutschland war auch schon da.«

»Tut mir leid, dass ihr Stress habt«, sagte ich.

Sie erzählte mir, dass selbst beim Dorfwirt Journalisten nach mir gefragt hatten, und dass sie unseren nächsten Nachbarn zu diesem Zweck bis in den Wald nachgefahren waren.

»Sagt bitte einfach gar nichts und, dass sie mich selbst anrufen sollen«, bat ich sie.

Am Nachmittag fand die offizielle Aufbahrung Haiders im Wappensaal des Landhauses statt. Neuerlich bildeten sich Warteschlangen. Menschen kamen, um sich zu verabschieden oder um mit eigenen Augen zu sehen, was sie nicht glauben konnten. Dass Jörg Haider wirklich tot war.

Ich stand dort auch in der Schlange. Mir gingen dabei die Verschwörungstheorien durch den Kopf, von denen die meisten durch fragwürdige Zeugenaussagen entstanden waren. Dabei stellten sich mir die Ereignisse, so tragisch sie waren, einfach dar. Haider wollte an jenem Abend noch nicht heim. Er wusste, wie ich darüber dachte, deshalb verheimlichte er mir, dass er vom »Le Cabaret« statt ins Bärental zurück zu der Lokaleröffnung gefahren war. Dort trank er zu viel und fuhr in den Tod. Doch diese Geschichte reichte den Menschen anscheinend nicht als Ende eines so schillernden Lebens.

Trotz dieses Wissens plagten mich selbst letzte Zweifel. Ich erinnerte mich daran, wie Haider und ich zur Elefantenrunde vor der Nationalratswahl fuhren. Haider hatte unmittelbar davor ein Dossier über eine Großbank erhalten, das angeblich milliardenschwere Malversationen belegte. Ich kannte das Dossier inhaltlich nicht, er hatte es mir aber gezeigt, und ich fragte ihn damals, ob er es für die Fernsehdiskussion verwenden wolle. »Das ist mir zu gefährlich«, sagte er. Das Dossier tauchte nie mehr auf.

Nach der Kondolenz machte ich mich auf den Weg ins Klagenfurter Hotel »Sandwirth«, wo ich der Journalistin Claudia Stöckl ein Interview für ihre jeden Sonntag Vormittag ausgestrahlte Radiosendung »Frühstück bei mir« geben sollte. Der BZÖ-Landesgeschäftsführer Manfred Stromberger, der mich in diesen Tagen immer begleitete, hielt das für eine schlechte Idee. »Willst du das wirklich machen?«, fragte er.

Ich wusste, dass seine Zweifel berechtigt waren. Mein völlig aus dem Rahmen gelaufenes Interview mit der *Kronen Zeitung* hatte mich gewarnt. Ich war noch nicht wieder in der Lage, professionell und planmäßig zu agieren. Zudem war Claudia Stöckl ebenso wie die *Krone*-Redakteurin eine erfahrene Journalistin, die Emotionen zu wecken und zu dokumentieren verstand. Doch ich fühlte mich an meine Zusage gebunden.

»Ich komme lieber mit«, sagte Stromberger.

»Ist wirklich nicht nötig«, sagte ich.

Das ist keine Therapiesitzung, sondern ein Medientermin, prägte ich mir ein, als ich das Hotel betrat. Lass also lieber jeden Satz, bei dem du dir nicht sicher bist, weg. Doch bei dem menschlichen Ton, den Claudia Stöckl anschlug, vergaß ich meinen Vorsatz nach fünf Minuten. Wieder versuchte ich, das Unerklärbare zwischen Haider und mir zu erklären. Wieder verlor ich die Kontrolle und schüttete mein Herz aus.

Am Freitag, den 17. Oktober, wurde mir zu Mittag klar, was für einen Fehler ich mit meinen offenen Interviews für die *Kronen Zeitung* und Stöckls »Frühstück bei mir« gemacht hatte. In Zusammenhang mit der vom Staatsanwalt veröffentlichten Information über Haiders Besuch im Stadtkrämer würden beide Interviews nur neue Nahrung für die Gerüchte über sein Privatleben sein.

Ich versuchte mich in Schadensbegrenzung. Als Erstes rief ich den Boulevardtycoon und *Kronen Zeitung*-Chef Hans Dichand an. »Ich weiß nicht, ob Sie mich verstehen, aber ich bitte Sie, mir zu helfen«, sagte ich zu ihm, nachdem ich ihm offen mein Problem geschildert hatte.

»Ich verstehe Sie«, sagte er.

Inmitten dieses Trubels aus Neugier, Lügen, Begehrlichkeiten und politischen Ränkespielen zeigte er sich mir als Mensch, der über den Dingen stand und gelassen seinem eigenen Werteschema folgte. Es war wahrscheinlich naheliegend, dass ich jemanden, der mir in dieser Situation helfen wollte, gleich großartig fand, aber meinen Respekt gewann Dichand jedenfalls. Das Interview würde nicht im Blatt sein, versprach er mir. »Ich hoffe, damit ist Ihnen gedient«, sagte er. Dann sprach er mir sein Beileid aus.

Das kleinere Übel, dass das Interview online stehen würde, konnte er allerdings auch nicht mehr verhindern, und der ORF ließ mich ganz abblitzen. Ein Redakteur versicherte mir, dass sie die heiklen Passagen herausnehmen würden, aber ich wusste, was das bedeutete: nichts. Ich war psychisch und inzwischen auch physisch zu sehr am Ende, um mich effizient dagegen wehren zu können. Ich hatte Fieber und stopfte mich mit Medikamenten voll, um die Symptome meiner Erschöpfung zu unterdrücken.

Am Samstag, den 18. Oktober, fand am Neuen Platz in Klagenfurt, auf dem meine Laufbahn an der Seite Haiders begonnen hatte, die Begräbnisfeier statt. Auch sie wurde live im Fernsehen übertragen und mehr als 25.000 Menschen nahmen daran teil. Ich war da, aber die Dinge zogen an mir vorbei, als wäre ich es nicht. Ich redete mit Menschen, und schon während ich es tat, vergaß ich, wer und was sie waren und worüber wir redeten. Als der sozialdemokratische Bundeskanzler Alfred Gusenbauer seine Rede hielt, hatte ich längst abgeschaltet. Ich bekam kein Wort mit. Ich fühlte mich wie im Delirium und war körperlich und geistig völlig am Ende.

Am Sonntag, den 19. Oktober, lief zwischen neun und elf Uhr Claudia Stöckls »Frühstück bei mir«. Ich schaffte es nicht, mir die Sendung anzuhören. Ich wusste auch so, was hinterher passieren würde. Als Erster rief mich Stromberger an, ein ansonsten eher gelassener Typ. Jetzt schrie er ins Telefon. »Was ist dir da eingefallen? Du machst dich kaputt! Unglaublich! Riesenwirbel in der Partei!«

Meine Stimme war sehr leise, als ich antwortete. »Ich weiß«, sagte ich. »Bringt mich alle um. Ich ergebe mich. Aber lasst mich dann bitte einfach in Ruhe.«

Zum ersten Mal seit fünf Jahren schaltete ich meine Handys ab. Ich hatte irgendwann gelernt, mich in schwierigen Situationen zwei Wochen in die Zukunft zu versetzen, wenn alles vielleicht nicht mehr so schlimm sein würde. Doch diesmal trat nicht die erhoffte beruhigende Wirkung dieser Übung ein. Haider ist tot, dachte ich, während ich apathisch auf meinem Sofa lag, und jetzt werde ich auch noch alles andere verlieren.

Am Montag, den 20. Oktober, prasselte die Kritik in der Vorstandssitzung der Kärntner Landespartei auf mich ein. Fünf Jahre lang war ich durch Haiders Schutz unangreifbar gewesen. Klarerweise hatten deshalb einige Parteifreunde Rechnungen mit mir offen. Vor allem sie waren es, die jetzt die Blöße, die ich mir gegeben hatte, ausnützten. Sie geißelten meine Auftritte und Interviews als schädlich, peinlich und unprofessionell.

Ich sagte nichts zu den Vorwürfen. Ich hörte mir alles an und schwieg fast die ganze Zeit. Was ich zu sagen hatte, waren nur ein paar Worte, und die sagte ich erst gegen Ende der Sitzung, wissend, dass sie mir nicht mehr helfen würden. »Es war ein Fehler«, sagte ich. »Ich entschuldige mich dafür.«

Die anderen nickten und akzeptierten meine Entschuldigung. Vor allem wohl deshalb, weil deren Subtext eindeutig war. Ich hatte gerade selbst meine politische Laufbahn beendet. Danke, ich gehe. Das war es, was ich in Wirklichkeit gesagt hatte.

Bereits am nächsten Tag, am Dienstag, den 21. Oktober, stand die konstituierende Klubsitzung des BZÖ an. Niemand rechnete damit, dass ich Schwierigkeiten machen würde. Das tat ich auch nicht. Im Gegenteil. Ich schlug selbst Josef Bucher als neuen Klubobmann vor und verzichtete auf das Amt. Kurze Zeit später trat ich auch als BZÖ-Bundesparteiobmann zurück. Das Einzige, was mir neben meinem ramponierten Image noch geblieben war, war ein Nationalratsmandat. Jenes Mandat, über das Haider kurz vor seinem Tod gemeint hatte, man wisse nie, was komme, und das ich nur deshalb angenommen hatte.

Haiders Familie interpretierte meine Interviews ähnlich wie die Partei und reagierte noch schärfer darauf. »Familie verweigert Kontakt mit Petzner«, las ich in den Zeitungen. Ich gab keinerlei Kommentare mehr ab, weder zu privaten noch zu politischen Angelegenheiten. Klar, dass der Boulevard auch das gegen mich verwendete. »Petzner: psychischer Zusammenbruch«, titelte das Boulevardblatt *Österreich*. Für die Medien war ich jetzt der schweigende, unerreichbare Kranke.

Als ich am Tag der Angelobung als künftiger Abgeordneter zum Nationalrat das Parlament durch das auf seiner Rückseite gelegene Tor 3 betrat, dachte ich an meinen Vater und seinen einst beim Fernsehen geäußerten Wunsch, dass ich eines Tages im Parlament mitgestalten würde. Wie hatte er sich eigentlich vorgestellt, dass ich dorthin gelangen würde? Ich dachte an meinen ersten Besuch in Wien, bei dem ich davon geträumt hatte, eines Tages einer der Abgeordneten zu sein, die hier mit Akten unter dem Arm die einander verwirrend ähnelnden Gänge entlang wandelten. Wie hatte ich selbst mir vorgestellt, dass ich dorthin gelangen würde?

Ich hatte mich auf die Angelobung vorbereitet. Der Schriftführer würde den Text verlesen. »Sie werden geloben unverbrüchliche Treue der Republik Österreich, stete und volle Beobachtung der Verfassungsgesetze und aller anderen Gesetze und gewissenhafte Erfüllung Ihrer Pflichten.« Danach würde er die Abgeordneten einzeln aufrufen, und jeder würde mit der Angelobungsformel antworten.

Meine fünfjährige politische Erfahrung und die Sicherheit, die ich dabei aufgebaut hatte, waren weg, als ich den Plenarsaal betrat, der mit seinem gläsernen Dach auf mich wie durchsichtig wirkte. Ich dachte daran, dass die Angelobungsformel mit einem »I«, also mit einem Vokal begann, und fragte mich, was passieren würde, wenn ich daran scheiterte.

Während der Angelobung stand ich in einer Reihe mit den anderen Abgeordneten und schaute halb zu dem Glasdach hinauf. »Schau her, hier stehe ich und nehme das Mandat an, das du für mich vorgesehen hast«, sagte ich in mir zu Haider, und ich fühlte mich ihm in diesem Moment auf merkwürdige Weise verbunden. »Schau her«, sagte ich zu ihm, »ich habe alles verloren, aber ich lebe noch.« Im nächsten Moment war ich an der Reihe. Klar und deutlich und ohne jedes Stocken sagte ich die beiden Worte. »Ich gelobe.«

NIKI
LAUDA
MIT CONNY BISCHOFBERGER

REDEN WIR ÜBER
GELD

edition a

Niki Lauda
Reden wir über Geld

Seine Freunde und Geschäftspart-
ner kennen den so erfolgreichen
wie vermögenden Ex-Sportler
und Unternehmer Niki Lauda als
sparsam, und als Mann der weiß,
wie sich Geld vermehren lässt.
Zum ersten Mal spricht er darüber,
und belegt seine Einsichten über
Geldanlagen, Kredite, Steuern mit
Erfahrungen aus seinem schillernden Leben.

ISBN 978-3-990011-43-0
192 Seiten, EUR 21,90

Max Schrems
Kämpf um deine Daten

Max Schrems erklärt den Daten-
wahnsinn so einfach wie Jamie
Oliver das Kochen: Wie Konzerne
ihre Kunden durchleuchten, wie
aus harmlosen Daten neue, hoch
persönliche Informationen oder
sogar unsere zukünftigen Gedanken hochgerechnet werden, wie die
Industrie systematisch die Gesetze
bricht und wie uns das im täglichen
Leben betrifft.

ISBN 978-3-990010-86-0
224 Seiten, EUR 29,95